OPÉRATIONS MILITAIRES

AUTOUR DE

METZ

OPÉRATIONS MILITAIRES

AUTOUR DE

METZ

PAR

UN OFFICIER GÉNÉRAL PRUSSIEN.

TRADUIT PAR UN OFFICIER FRANÇAIS.

DEUXIÈME ÉDITION.

VICTOR v. ZABERN,
LIBRAIRE - ÉDITEUR.
MAYENCE s/Rh.

LEBEGUE & Cie,
LIBRAIRES - ÉDITEURS.
46, rue de la Madeleine 46.
BRUXELLES.

1871.

(Seule traduction autorisée par l'auteur.)

Imprimerie de Victor v. Zabern, Mayence.

NOTE DU TRADUCTEUR.

Quelques pages écrites par un Officier Général Prussien ont paru dans les premiers jours de janvier ; elles traitent des opérations militaires autour de Metz. J'avais essayé une traduction de cette brochure, que je ne destinais nullement à l'impression ; on m'engagea plus tard à la publier, puisque de plus habiles que moi n'y avaient pas encore songé ; c'est ce que je fais aujourd'hui. Je ne me dissimule pas les imperfections de style de mon travail, mais j'ai cherché surtout à suivre pas à pas le texte de l'auteur.

J'ai cru devoir conserver l'expression allemande : *armée-corps ;* en effet, tandis que dans l'armée française, les corps d'armée *varient* en composition, un armée-corps allemand comprend *invariablement* : 2 divisions d'infanterie ; 1 bataillon de chasseurs à pied ; 2 régiments de cavalerie ; artillerie, 84 pièces ; 1 bataillon du génie ; 1 escadron du train ; en tout 31,000 hommes.

Le mille allemand est de 7532 mètres.

MAYENCE, 19 février 1871.

AU LECTEUR.

Après la reddition de Metz, un ami, qui n'est ni Allemand ni militaire, me demanda comment il avait été possible d'amener à capituler le maréchal Bazaine, commandant une armée de 180,000 hommes, avec laquelle on aurait cru autrefois pouvoir aller d'un bout de l'Europe à l'autre.

La réponse à cette question a donné naissance à cette brochure. Vu l'insignifiance des documents mis au jour jusqu'ici, elle n'a qu'une valeur restreinte au point de vue historique, mais son auteur a fait tous ses efforts pour être sincèrement impartial.

1er décembre 1870.

Des principes, que l'on trouverait surannés à Belleville ou Montmartre, n'ayant pas permis au Vieux Pompon *de se défaire d'un reste de respect pour « l'invention bourgeoise » de la propriété, force nous est d'en user selon la règle avec la Traduction de Mayence. Nous la prenons à l'éditeur, pour l'introduire dans notre* Corpus, *en la grossissant, au préalable, de notes imprimées sur feuillets simples. On les cote, ces feuillets,* page 5 *ou* page 7, *par exemple, quand on doit les brocher et les lire vis-à-vis des pages 5 ou 7 des* Opérations militaires autour de Metz; *dispositif qui aura l'avantage, espérons-le, d'associer au légitime intérêt de quelques-uns, la commodité du plus grand nombre.*

OPÉRATIONS MILITAIRES AUTOUR DE METZ

NOTES

Ligne 19. — *Lisez* 16 divisions d'infanterie, 456 pièces de campagne, 84 mitrailleuses; en tout, sous le canon de Metz, au 14 août, 168 000 hommes, nombre rond, Garde impériale comprise.

Notre écart en bouches à feu, 650 — 540, soit 110, représente l'artillerie du VIe Corps *non arrivée* en partie, et ces pièces de campagne ou de montagne que l'Arsenal et la défense de Metz gardaient pour les remplacements ou besoins éventuels.

Aucune pièce n'est restée à l'ennemi sur le champ de bataille; c'est donc sur le *chiffre en magasin* fourni par la capitulation du 27 octobre, et noté au *Moniteur royal de Prusse* (541 pièces de campagne, 102 mitrailleuses), que semble s'établir le calcul de l'auteur.

Le chiffre des mitrailleuses, 150, reproduit plus loin, page 14, dans l'énumération des ressources de Bazaine à la bataille du 18 août, ne répond à aucune donnée officielle, et le *Moniteur royal de Prusse,* qui ne pèche pas par omission, trouve 102 mitrailleuses après la capitulation du 27 octobre. Il y a lieu de croire que nous sommes ici en présence d'une permutation calligraphique entre les dizaines et les unités d'un 105 quelconque : je la crois involontaire ; mais cette couche féconde de 66 mitrailleuses vaut la peine d'être relevée !

D'autre part, l'effectif-troupes donné par le général Hannecken, accusant un écart de 52 000 hommes, il y a lieu de se demander, puisqu'il s'agit, non de toute l'armée du Rhin mais de ce qui campe autour de Metz, si la garde nationale mobile et la garde nationale sédentaire, simples réserves d'hommes à cette époque, ne s'ajoutent pas, sous la plume du rédacteur, à ce qui *manque* au VIe Corps (Canrobert)? — Et toutefois, à la page 6, on augmente les 220 000 hommes d'une « garnison propre » de 20 000, sans observer que la division de Laveaucoupet (8.000 h.) l'avait formée, pour sa meilleure portion, au détriment de l'armée de campagne. Le chiffre 175 000 *soldats,* donné par le *Moniteur royal de Prusse,* est fantastique : on ne peut l'expliquer que par une addition de *matricules,* qui comprendra morts et disparus, femmes et enfants de troupe, comme tous individus soldés par l'État.

La thèse que le général a défendue se trouve mieux, je pense, des chiffres que nous lui présentons ?

Ligne 23. — Le maréchal Bazaine, héritier d'un programme politico-militaire qui n'était pas le sien, ne fut maître d'agir que le soir du 12 août. L'empereur lui avait fait savoir auparavant qu'il abdiquait entre ses mains, mais il continuait toujours à donner des ordres. L'étroite concentration sous Metz est son œuvre dernière : le maréchal a dit qu'il se serait arrêté sur le plateau de Hayes.

OPÉRATIONS MILITAIRES
AUTOUR DE METZ.

Tel est à peu près le titre que l'histoire donnera un jour au récit de la période de haute lutte des armées Allemandes et Françaises, lutte soutenue autour de cette importante forteresse par deux armées braves et tenaces, dont toutes deux sont sorties avec honneur et gloire quoique l'une d'elles ait entièrement succombé: celle-ci en effet a été vaincue plutôt par la faim que par les armes de son adversaire. Des deux côtés, on ne croit pas encore l'heure venue de publier tous les documents; aussi l'histoire de ce grand drame ne peut-elle s'écrire aujourd'hui. Nous n'en connaissons que le canevas à peine ébauché, mais nous pouvons cependant déjà y rattacher quelques considérations, autant pour nous instruire, que pour dissiper ce nuage de poussière soulevé par le mauvais vouloir ou un sentiment de valeur personnelle exagéré: dès lors, nous ne serons plus exposés à substituer aux vraies causes, qui ont amené le résultat final de la lutte, celles qui n'ont jamais existé.

La France avait réuni autour de Metz l'élite de son armée: elle se composait de 17 divisions d'infanterie, chacune de 13 bataillons de 800 hommes: elle comptait en outre 500 pièces d'artillerie de campagne, 150 mitrailleuses, plusieurs divisions de cavalerie, en tout plus de 220,000 hommes, dont la garde impériale. Son commandant en chef était le maréchal Bazaine, puisque l'Empereur, qui s'était d'abord mis à la tête de ces troupes, les abandonna dès le commencement de la lutte. Sous ses ordres, deux maréchaux et trois généraux commandaient les corps d'armée; le général Changarnier, ce glorieux vétéran des guerres d'Afrique, était auprès de lui pour l'aider de ses conseils. A côté de cette armée, la place de Metz avec sa garnison propre, forte de 20,000 hommes, composée des quatrièmes bataillons et de gardes-mobiles, ayant pour commandant distinct, l'énergique général Coffinières.

L'Allemagne opposa à cet ensemble imposant de forces, deux armées appartenant presqu'exclusivement à la Confédération du Nord: la 1ère, sous les ordres du général Steinmetz, comprenait le 7e, le 8e et, bientôt après le commencement des hostilités, le 1er armée-corps, plus tard encore les 3 divisions de réserve, dont une de cavalerie, en tout 120,000 hommes environ. La deuxième, sous les ordres du Prince Frédéric-Charles, comprenait les 3e, 4e, 9e, 10e et 12e armée-corps et la garde, avec trois divisions de cavalerie, auxquels vint s'ajouter bientôt, le 2e armée-corps, en tout 240,000 hommes. Le commandant en chef de ces deux armées était l'héroique Roi de Prusse, qui s'était adjoint les généraux de Moltke et Roon, tous deux ayant fait à la guerre leurs preuves d'habilité et de bravoure.

Laissons de côté les premières hostilités. Le combat engagé sur les hauteurs de Spickeren, près de Sarrebruck, entre les avant-gardes des deux armées, et d'où les Allemands sortent victorieux, est seul à remarquer: les deux adversaires reconnurent qu'ils étaient dignes de lutter ensemble. Arrivons rapidement aux combats autour de Metz, huit jours environ après ce premier choc.

Ce laps de temps fut mis à profit par les Français pour concentrer leur armée près de Metz; leurs mouvements ne furent pas inquiétés jusqu'au 13 août, et à ce moment, leurs nombreux bataillons s'étaient amassés autour de la place, pareils à des nuages gros de tempête.

Les Allemands, pendant ces sept jours, s'étaient avancés avec précaution; la 1ère armée, à l'exception des 3 divisions de réserve, était devant Metz forte de 100,000 hommes, dont un tiers, le 1er armée-corps, après un jour de marche forcée, arrivait à peine. La 2e armée, dont la marche se liait étroitement à celle de la 1ère, se trouvait réunie autour de Pont-à-Mousson, sauf le 2e armée-corps, et se préparait à franchir la Moselle, en aval et en amont de cette ville.

Ligne 15. — La victoire « sur le terrain » appartient aux Français : le sentiment universel des soldats ne s'y est pas trompé.... mais j'accorde, qu'avec notre programme, le combat de Borny fut une faute.

Une faute! Dans quel état se trouvaient, le 14 au soir, les forts Saint-Julien et Queuleu ouverts à la gorge? Qu'avait-on fait ou pu faire pour l'armement des ouvrages de seconde ligne, qui devaient les protéger contre une attaque de vive force? L'ennemi, bien servi par ses espions, très-nombreux au dedans, quoi qu'on ait pu dire, pouvait la tenter; mais, heureusement, on ne sait pas tout au moment propice.

On disait à Cassel : le maréchal n'a pas été obéi! — Je n'en crois rien, et suis même assuré qu'il fut aise, l'attaque aidant, de donner satisfaction à l'impatience d'une armée, que Spickeren, échec si facile à changer en victoire, avait moins déroutée que rendue frémissante. — Le IIIe Corps (Decaen) et deux divisions du IVe (de Ladmirault) en ont supporté l'effort, très-meurtrier pour l'ennemi.

Quant au télégramme à l'usage du public allemand, — *eine Depesche! eine officielle Depesche!* — il disait de son côté : « combat victorieux etc....; les Français évacuent la rive droite de la Moselle, et sont *rejetés* derrière les ouvrages fortifiés de Metz ». — Rédaction habile, qui transforme un mouvement qu'on essaie d'interrompre, en conséquence forcée du combat.

14 août.*)

La défaite du maréchal de Mac Mahon à Wœrth, suivie d'une retraite précipitée et en désordre, la nécessité de rester lié avec lui, et le sentiment qu'une grande réunion de forces était indispensable, amenèrent les Français à essayer de tenter une action décisive, non pas sur la Moselle, mais bien plus en arrière, peut-être dans les plaines de la Champagne. Pour cela, il fallait atteindre Verdun par la route la plus courte. Une partie de l'armée du maréchal commençait ce mouvement, quand le 14, sur la rive gauche de la Moselle, tout à côté des forts détachés de Metz, les avant-postes des 1ère et 2e armées allemandes engagèrent avec les avant-postes français un combat qui dégénéra bientôt en bataille acharnée: un corps d'armée français et la moitié du 1er armée-corps prussien qui arrivait à ce moment y prirent part. Les deux partis s'attribuent la victoire; mais l'avantage est resté aux Allemands, moins parce qu'ils sont restés maîtres le soir de la plus grande partie du champ de bataille, que parce qu'ils ont retardé d'un jour la marche de l'armée française.

Si le maréchal Bazaine, qui avait déjà pris le commandement en chef, était dans l'intention d'abandonner Metz, il ne devait pas accepter le combat sur la rive gauche de la Moselle. La ville de Metz couvrait sa retraite de la façon la plus efficace, car chacune des troupes allemandes, arrivant dans la direction de la forteresse, devait y être retardée, par un jour de combat au moins, dans sa marche sur Verdun.

Voulait-il au contraire, en s'appuyant sur Metz, s'établir fortement sur la ligne de la Moselle, il devait, le 14, tomber avec toute son armée sur les Allemands, quand il pouvait espérer les surprendre dans les environs. Son succès était certain; à peine le 15, les Allemands étaient-ils réunis en force suffisante pour soutenir la lutte avec lui; Metz

---

*) Bataille de Borny.

leur était certainement indiquée comme point de concentration, mais quelques fractions avaient seules franchi la Moselle.

Le 15 les deux armées se seraient trouvées certainement en face l'une de l'autre, mais à cause de la proximité de la place, le maréchal pouvait choisir entre une bataille ou une retraite non inquiétée. Donc, le 14, il ne devait pas accepter le combat, ou il devait l'engager avec toutes ses troupes: en sorte que dans les conditions où elle s'est produite, la journée du 14 était une faute de la part des Français.

15 et 16 août. *)

Le maréchal Bazaine fit reprendre, le 15, la marche sur Verdun interrompue à l'improviste par le combat de la veille.

Trois bonnes routes conduisent de Metz à Verdun. Les deux routes sud ne forment qu'une voie de Metz à Gravelotte (2 milles = 15 kilomètres). Elles se séparent à cet endroit: l'une au sud, qui est la plus courte des trois, mène directement à Verdun par Rezonville, Vionville, Mars-la-Tour; l'autre un peu plus longue, conduit, par Doncourt et Jarny, à Etain, où elle se confond avec la route nord qui offre le parcours le plus étendu. Celle-ci partant de Metz longe d'abord la Moselle, passe ensuite à Woippy, gravit les pentes boisées qui dominent la rivière, à travers le long défilé de Saulny à St.-Privat, descend par Ste.-Marie à Auboué dans la vallée de l'Orne, et de nouveau remonte lentement jusqu'à Briey: cette dernière partie de la route est très accidentée. Ici la route se bifurque, la branche N. O. va sur Longuion dans la vallée de la Chiers, et atteint le chemin de fer et la route de Mézières à Thionville par Sedan et Montmedy; l'autre branche, à l'Ouest, monte vers Etain. Ce dernier point est donc le nœud des routes conduisant: à l'Ouest, à Verdun; au Nord-Ouest, à Sedan, par Dun et Stenay; au Nord, à Longuion. Toutes ces routes forment d'excellentes chaussées.

Bazaine utilisa principalement pour sa marche les deux

*) Journée du 16 août: Bataille de Mars-la-Tour, *pour les Allemands;* Bataille de Rezonville, *pour les Français.*

Ligne 8. — *Lisez :* L'armée de campagne, affaiblie de la division de Laveaucoupet et de ses pertes de Spickeren et de Borny, ne comptait, le 16 au matin, que *150 000 rationnaires* à peu près.

Voilà un écart de cinquante mille hommes, très-logique du côté de l'auteur, et qui l'est aussi dans nos productions. Cent cinquante mille rationnaires ne font pas non plus cent cinquante mille combattants, mais bien, selon la règle du duc de Raguse, quelque chose comme 120000 hommes à mettre en ligne.

Ligne 28. — « Le 4e armée-corps..... atteignit la Moselle, mais il ne prit point part aux opérations autour de Metz ».

Cependant j'inscris, d'après le nécrologe du *Militäir-Wochenblatt,* aux pertes de la bataille du 18 août, côté allemand :

IV CORPS
4. Magdebourg. Infie no 67
S. lt Gottsched
Réserve Landwehr-Bataillon (Magdebourd) no 36
S. lts Hallmann et Fischer
4. Régiment de Landwehr, Magdebourd no 67
(1er bataillon Bitterfeld)
S. lt Kurtze.

Ce IV CORPS du *Militäir-Wochenblatt* est bien partie tout au moins du 4e armée-corps, dirigé par Frouard, Toul et Commercy ?

Puisque survient pour la première fois sous ma plume l'expression *armée-corps,* le traducteur me permettra de compléter sa note (petit texte) de la page 3. J'ai pu me convaincre, à Mayence, que beaucoup d'officiers français ne l'avaient point comprise.

L'*armée-corps,* m'a dit M. le général von Hannecken, est une *unité,* comme le bataillon, l'escadron ou la batterie ; et le Corps d'armée se composera d'un ou de plusieurs *armée-corps,* qui pourront être augmentés de fragments plus ou moins considérables d'autres *armée-corps.* Bref, le Corps d'armée prussien représente un nombre fractionnaire d'*armée-corps.*

routes sud; et le 15 au soir, il campait sur l'une, de Rezonville à Mars-la-Tour; sur l'autre, à Doncourt. Il resta dans ces positions jusqu'au 16 au matin, 7 heures. Il voulait probablement y passer la journée pour laisser le train et les autres impedimenta, qui suivaient la route nord, prendre l'avance. Il comptait pouvoir encore, dans la journée du 17, marcher sur Verdun sans être inquiété, avec le gros de son armée réduite à 200,000 hommes environ, depuis les combats de Spickeren et du 14. Il savait en effet que la majeure partie des forces de l'ennemi se trouvait encore, le 15 au matin, sur la rive droite de la Moselle, à cinq ou six milles de ses positions (38 ou 45 kilomètres).

Dans la matinée du 15, le Roi de Prusse parcourait le champ de bataille de la veille; les Allemands, s'apercevant de la marche de l'armée française, laissèrent devant Metz le 1er armée-corps de la 1ère armée. Les deux autres armée-corps, 7e et 8e furent lancés sur Corny, et jetèrent des ponts en aval et en amont de ce village. Le 3e armée-corps de la 2e armee fut dirigé en aval de Pont-à-Mousson sur Noveant, d'où un défilé étroit mais praticable conduit par Gorze sur les hauteurs du flanc gauche de la vallée; le 9e armée-corps marchait sur ses traces et son avant-garde atteignait Vandieres sur la Moselle. Le 10e armée-corps suivit la grande route de Pont-à-Mousson à Verdun jusqu'à Thiaucourt. La garde franchit la Moselle en amont de Pont-à-Mousson où le 12e armée-corps arrivait à peine. Le 2e armée-corps était en entier encore, aux environs de Forbach. Le 4e armée-corps, qui était dirigé sur Frouard par Toul et Commercy, atteignit la Moselle, mais il ne prit point part aux opérations autour de Metz.

Il importait aux Allemands de concentrer toutes leurs forces, pour maintenir l'armée française entre la Moselle et la Meuse, et la contraindre à une bataille décisive; aussi, quoique presque toutes les troupes de la 2e armée, ne fussent arrivées que le soir très tard aux emplacements désignés, elles durent de nouveau se mettre en marche au point du jour, pour occuper le plateau entre l'Orne et la Moselle, dans la direction de Verdun.

Vu la marche rapide des Allemands et l'attente tranquille des Français, une action était imminente pour le 16 août. Il n'est pas encore possible de donner le récit complet de cette grande bataille, les détails manquant des deux côtés: nous ne pouvons exposer que la succession des faits et les phases principales de la journée.

Le 3e armée-corps prussien, après avoir gravi avec peine l'étroit sentier qui conduit à Gorze, rencontra l'ennemi au sud de la route de Verdun, sur les hauteurs qui s'étendent de Tronville au sud de Rezonville. L'action commença à neuf heures, et fut soutenue par ce seul armée-corps jusqu'à midi et demi environ; Tronville et Mars-la-Tour tombèrent entre nos mains, ainsi que la route de Metz à Verdun. Vers midi et demi, 2 divisions de cavalerie arrivant par Thiaucourt, vinrent prendre part à l'action; Vionville fut attaqué en vain. Le 3e armée-corps n'était plus en état de poursuivre la lutte; la cavalerie se lance bravement en avant, rompt les lignes ennemies, traverse les batteries: elle est à la suite de cette attaque à peu près complétement anéantie, mais une heure est gagnée.

Vers 3 heures, le 10e armée-corps prussien arrivant à l'aile gauche, se dirige par Puxieux et Mars-la-Tour sur le bois situé au nord de Vionville dans la direction de Tronville, pendant qu'à l'aile droite, le 9e armée-corps entre en ligne, le long des bois de Vionville dans la direction de Flavigny. Vionville est pris, mais notre attaque sur Flavigny est repoussée.

A 4 heures 1/2, apparaissent encore plus loin sur la droite le 7e armée-corps et une partie du 8e; après avoir franchi la Moselle à Corny, ils avaient escaladé la hauteur, en suivant le sentier presqu'impraticable qui traverse le bois des Chevaux et le bois des Ognons. Ils s'établissent dans ces bois, mais ils ne peuvent en sortir pour tenter d'enlever Rezonville.

L'apparition de ce renfort favorisa une nouvelle attaque de Flavigny, qui tomba enfin entre les mains des Allemands entre 7 et 8 heures. A ce moment échouait l'attaque du 10e armée-corps contre Doncourt (rive gauche); il était même

Ligne 10. — On doit, pour cette bataille de Rezonville, se reporter au *Rapport* très-exact et très-fidèle en sa sécheresse, que le maréchal Bazaine a fait imprimer à Bruxelles (Aug. Decq, libraire-éditeur). Le colonel d'artillerie Borbstaedt, de Berlin, l'a traduit et inséré, le 27 novembre 1870, dans son *Militäir-Wochenblatt.*

Ligne 17. — Cette audacieuse percée du brave major Schmettow est invariablement donnée, par les illustrations et récits allemands, comme *Prise d'une batterie française.*

L'épisode de l'aigle du 93e d'infanterie sert à la glorification du Chasseur ou du Landwehrmann, et *Michel* ignore ce que tout ceci est devenu sous le sabre des cavaliers de Forton et de Valabrègue.

Ligne 7. — Erreur : il n'y eut jamais, sur le front d'attaque, plus de cinq divisions d'infanterie engagées à la fois. Elles s'élevèrent successivement sur le plateau de la Voivre, et plusieurs d'entre elles, avec une partie de notre cavalerie, restaient disponibles à la fin de la journée. J'ai fait voir, par le chiffre des rationnaires, que les **120000** hommes du prince Frédéric-Charles n'avaient point à combattre en nombre inférieur ; et nos soldats qui se sont crus victorieux avec raison, puisque le prince échouait dans son rôle d'assaillant, seront moins surpris d'apprendre « que la journée du 16 août n'ait pas été regardée comme pleinement décisive par les Allemands ».

Ligne 21. — Remercions M. le général Hannecken d'avoir appris à notre célèbre *Elément civil,* et rappelé à toute une école militaire qui l'oublie souvent, qu'un chef d'armée doit surtout combattre avec la tête.

Ligne 33. — Le *Moniteur royal de Prusse* et les télégrammes officiels disaient toutefois, à la date du 16 août : « Les 3e et 10e corps prussiens, successivement soutenus par des détachements du 8e et du 9e, sous les ordres du commandant en chef, prince Frédéric-Charles, parviennent, après une lutte acharnée de douze heures *(dix heures d'après le maréchal Bazaine),* malgré leur notable infériorité numérique, à rejeter l'ennemi sur Metz ».

repoussé dans le ravin situé au nord de Mars-la-Tour où il se maintint jusqu'à la fin du combat. A la nuit, l'armée française occupait la ligne de Gravelotte, Rezonville, St.-Marcel, Bruville; l'armée allemande en face occupait le bois des Ognons, Flavigny, Vionville, le bois du même nom et le ravin de Mars-la-Tour.

L'armée française avait été engagée toute entière; du côté des Allemands, 3 armée-corps et l'avant-garde de deux autres, 120,000 hommes seuls, avaient pris part au combat.

Si malgré une telle disproportion de forces, les Allemands réussirent non seulement à gagner du terrain, mais encore à se rendre définitivement maîtres des deux routes sud de Metz à Verdun, il faut l'attribuer aux dispositions défectueuses prises par le chef de l'armée française. En fait, le maréchal Bazaine, entrainé par son courage personnel et son ardeur guerrière, parait s'être exposé au feu plus qu'il ne convient au commandant d'une grande armée: il se trouva mêlé avec son état-major à l'engagement de cavalerie qui eut lieu vers deux heures, exposant ainsi sa liberté, sa vie, quand il était plus nécessaire de donner des ordres que de prendre part à l'action.

Des deux côtés les troupes furent admirables, et jamais dans les péripéties de la lutte il ne se produisit de désordre annonçant le découragement: les pertes furent également considérables, les trophées enlevés à peu près nuls.

Néanmoins l'avantage est bien du côté des Allemands numériquement plus faibles, et ils inscrivent avec raison la journée de Mars-la-Tour parmi leurs victoires. Cette bataille fait honneur à leur chef, le Prince Frédéric-Charles; elle restera aussi l'éternelle gloire du 3e armée-corps, dont le tiers des combattants jonchait le soir le champ de bataille.

17 et 18 août.*)

La journée du 16 août ne fut pas regardée comme pleinement décisive par les Allemands; aussi, le 17, toutes les

---

*) Journée du 18 août: Bataille de Gravelotte, *pour les Allemands; pour les Français:* Défense des lignes d'Amanvillers, ou plus généralement, Bataille de St.-Privat.

troupes disponibles furent réunies. La garde et le 12e armée-corps arrivent à Mars-la-Tour et s'établissent dans la soirée au sud de ce village. Le 7e et 8e armée-corps passent de la rive gauche sur la rive droite de la Moselle, et occupent au Nord le bois des Ognons. On pouvait enfin espérer que le 2e armée-corps, qui s'avançait à marches forcées, et dont la tête avait atteint Pont-à-Mousson, arriverait sur le champ de bataille dans la soirée du 18. Le Roi de Prusse, qui avait pris en personne le commandement en chef, pouvait donc, pour ses dispositions de combat, compter sur 8 armée-corps, qui, avec la cavalerie, formaient un effectif de 240,000 hommes. Sur ce nombre trois armée-corps étaient intacts.

Le maréchal Bazaine devait, après le combat du 16, se décider à prendre un parti. Il ne pouvait plus marcher sur Verdun par les deux routes sud: l'une lui était complétement fermée, et l'autre était si rapprochée de l'ennemi qu'une simple marche de flanc de celui-ci, la rendait impraticable. Quant à la troisième route, il devait faire de sérieuses réflexions avant de s'y engager; son armée avait à faire un détour de trois milles avant de l'atteindre et il ne devait pas espérer arriver à Verdun, c'est-à-dire dans la vallée de la Meuse sans livrer une autre bataille, car les Allemands, n'eussent-ils fait aucun mouvement le 17, l'auraient certainement rejoint le 18 ou le 19 de ce côté-ci de Verdun. Il avait au contraire le droit d'espérer échapper, en prenant la route de Metz à Longuion et Sedan, qui faisait presqu'un angle droit derrière ses positions; le ruisseau de l'Orne pouvait dans ce cas lui être très utile pour un combat d'arrière-garde.

Le maréchal Bazaine a dit lui-même qu'il ne pouvait abandonner Metz le 17, parce que son infanterie avait complétement épuisé ses munitions le 16; il devait l'approvisionner de nouveau au moyen des réserves de la forteresse, mais il aurait pu le faire tout en se portant au nord vers l'Orne avec son armée. Il lui restait en effet pour le ravitaillement deux grandes routes: l'une directe, l'autre se détachant le long de l'Orne, de la route de Thionville. Le temps ne lui aurait pas manqué, car il n'aurait guère pu

Ligne 5. — Je ne sais sur quels renseignements M. le général Hannecken a pu croire à ces prescriptions tactiques de feu le maréchal Niel?

Les *tranchées-abri* ne sont pas d'ordonnance; et je préviens le confrère Borbstaedt, de Berlin, que notre artillerie n'accorde qu'un médiocre intérêt aux *abris rapides* préconisés par son *Aide-Mémoire de Campagne* (1864).

Ligne 24. — Le 14 et le 16 août, le maréchal avait subi le choc: il l'attendit encore le 18, dans une position qui, sans être parfaite, était fort bonne.

Ligne 29. — Le fort de Saint-Privat, entre Seille et Moselle, était à peine sorti des sables, et n'a pas été armé.

être attaqué avant le 19 dans cette position. Il faut donc chercher ailleurs les motifs de sa résolution.

Concurremment avec l'adoption des fusils Chassepot et des mitrailleuses, le maréchal Niel avait introduit une nouvelle tactique de combat dans l'armée française: les troupes devaient choisir des positions d'un accès difficile d'où le champ de tir fut très étendu, et attendre, solidement établies derrière des tranchées-abri, l'ennemi qu'elles devaient ensuite attaquer et vaincre, après l'avoir décimé par le feu. Les Français avaient usé de ce procédé partout où on leur en avait laissé le temps, notamment à Wissembourg, à Wœrth, à Spickeren. Nulle part, il est vrai, il ne leur avait réussi: notre grande supériorité numérique à Wissembourg et à Wœrth, et l'imprévu de notre attaque à Spickeren, avaient compensé et au delà cet avantage tactique. Mais ici, près de Metz, les Français se trouvaient dans une position présentant les meilleures conditions; la supériorité de l'ennemi n'était pas décisive, ou n'était pas considérée comme telle, et aucune surprise n'était possible. Jusqu'ici, Bazaine s'était battu sur un terrain non préparé, et les combats qu'il avait soutenus n'étaient pas des défaites; en admettant l'efficacité de la tactique du maréchal Niel, la victoire n'était-elle pas probable sur un aussi bon emplacement: aussi se décida-t-il à en venir aux mains de nouveau.

Il suffit de jeter les yeux sur une carte pour se convaincre de la force extraordinaire des positions choisies. L'aile gauche s'appuie en avant de Jussy aux bords de la Moselle, que commandent complétement les forts St.-Quentin et St.-Privat; la ligne des troupes suit ensuite le sommet des hauteurs par les fermes de Point-du-Jour, Moscou, Leipzic, Montigny-la-Grange, le village d'Amanvillers, coupe à cet endroit la route de Metz à Briey; l'aile droite s'appuie au village de St.-Privat-la-Montagne. De ces hauteurs, de 2000 pas environ, le terrain s'abaisse presque partout en pente régulière. Un ruisseau profondément encaissé en rend l'approche très difficile: il descend des coteaux d'Amanvillers, près du bois de la Cusse, traverse le bois de Genivaux, le bois de Vaux et se jette enfin dans la Moselle.

On ne pouvait aborder ces hauteurs ainsi défendues que par deux passages ; l'un au Nord offrant une assez grande étendue, en face de Vernéville, entre le bois de la Cusse et le bois de Genivaux, l'autre au Sud, moins large, gardé par la ferme de St.-Hubert, entre le bois de Genivaux et celui de Vaux. C'est là que passent les deux routes sud de Metz à Verdun, qui ne forment en cet endroit qu'une même voie. L'aile droite était seule abordable, mais en même temps plus éloignée de l'ennemi ; de plus un ruisseau assez important qui se jette dans l'Orne et derrière lequel sont situés les villages d'Habonville, St.-Ail, Ste.-Marie-aux-Chênes, en défendait l'approche.

Les fermes et les villages avaient été mis avec soin en état de défense, reliés entre eux par des tranchées-abri, étagées sur deux ou trois lignes quand le terrain le permettait. Des abattis avaient été faits dans les bois, et même les villages situés en arrière de la ligne, notamment St.-Hubert, Vernéville, Ste.-Marie, avaient été disposés en vue d'une attaque ; des terrassements destinés à abriter l'artillerie avaient été en outre élevés dans les endroits les plus convenables. En un mot, les travaux de défense avaient été exécutés avec tant de soin, que l'on se demande si la journée du 17 y avait suffi ; et l'on peut supposer, sans invraisemblance, que peut-être, on y avait travaillé plusieurs jours auparavant ; ce qui pourrait faire douter de l'intention du maréchal de marcher sur Verdun, quoique ce projet ait été officiellement annoncé.

Le développement complet de ces positions est de 3 lieues, 18,000 pas environ. Pour les défendre, Bazaine, après le départ de la cavalerie chargée, le 16, d'accompagner l'Empereur, ou envoyée le 16 et le 17 sur Briey pour protéger le convoi, avait (déduction faite des pertes éprouvées jusqu'à ce jour) 160,000 hommes, 500 pièces de canon, 150 mitrailleuses ; ce qui donnait 9 hommes par pas, plus qu'il ne suffisait pour espérer vaincre dans d'aussi formidables positions. Les forêts, les fermes, les villages, St.-Hubert, Vernéville, Habonville, St.-Ail et surtout Ste.-Marie, étaient assez fortement occupés par les avant-postes.

Ligne 25. — Ces petits travaux défensifs sont l'œuvre individuelle et spontanée des différents Corps, pendant les journées des 16 et 17 août. Après avoir abandonné, le matin du 17, pour se rapprocher de Metz, le terrain conquis la veille, chacun comprenait qu'une bataille nouvelle était proche.

Le maréchal Bazaine a dit, dans son *Rapport sommaire*, que le « manque d'eau, à Gravelotte et aux environs », avait déterminé, en partie, le mouvement rétrograde du 17, ainsi que le choix de sa nouvelle ligne de défense.

Pour qui connait la Voivre, ces motifs ont leur valeur. La sécheresse exceptionnelle de cette année calamiteuse, était faite pour donner aux patriotes intelligents du Pays, les plus cruelles appréhensions.

Ligne 33. — Ces effectifs sont loin d'être exacts. Il n'y avait pas 160000 français pour combattre les 240000 allemands avoués page 12; car le nombre des *rationnaires*, le 18 au matin, était de *140000* environ. Nos pertes des 14 et 16 août les avaient réduits, ces effectifs, division Laveaucoupet comprise, de 20503 hommes, dont 1033 officiers.

Et puisque je vois reparaître, en bouches à feu, les 650 pièces de la page 5, j'ajoute qu'on n'en put mettre en ligne que 350; la réserve générale, diminuée des emprunts faits par le VIe Corps, s'étant massée en avant du *Saint-Quentin* et des *Carrières*.

Par un vrai tour de force dans l'art de grouper les chiffres, l'auteur militaire du *Krieg von 1870-1871* arrive à placer 180000 allemands devant 170000 français. — Je ne m'occupe pas des publicistes de « l'Elément civil ».

Quelle que fut la force du front de défense, il présentait deux grands inconvénients. En premier lieu, derrière la ligne principale, s'étendait une série de hauteurs boisées, quelques-unes à pente très raide, ce qui rendait les manœuvres des réserves à peu près impossibles. Il était, par suite, difficile de diriger des renforts sur un point déterminé pendant la lutte. Chaque fraction ne devait donc compter que sur elle-même pour se défendre.

En second lieu, cette position ne laissait d'autre point de retraite à l'armée que Metz; il fallait vaincre, et vaincre d'une façon décisive, si l'on ne voulait pas être rejeté dans la place. Il fallait vaincre pour ne pas perdre définitivement ses communications avec le reste de la France, communications qu'on avait d'abord renoncé volontairement à maintenir. Le maréchal comptait d'une façon absolue sur cette victoire: il savait donc que le 1er armée-corps ennemi était retenu sur la rive droite de la Moselle vis-à-vis de Metz, un autre, le 4e était près de Toul, assez loin pour qu'il ne put arriver avant plusieurs jours, un troisième, le 2e, était depuis le 15 en arrière, près de Forbach, et ne pouvait non plus prendre part à l'action. Il ne restait donc aux Allemands que 7 armée-corps, auplus 190,000 hommes, encore 20,000 hommes de cavalerie, qui étaient présents, il est vrai, ne pouvaient prendre qu'une part très faible au combat à cause de la nature du terrain, c'est ce qui eut lieu en effet. Pour le même motif, la supériorité du nombre de pièces de notre artillerie, 650, n'était d'aucune importance.

Le courage des troupes françaises n'était nullement affaibli; au contraire leur ardeur était devenue de la rage à cause de l'insuccès des jours précédents.

Pourquoi le maréchal n'aurait-il pas espéré vaincre? Il y comptait en effet, et résolut d'en venir aux mains.

Le Roi de Prusse forma en vue d'une prochaine lutte la ligne de combat. Elle comprenait en partant de la droite, les 7e, 8e, 9e armée-corps et la garde; les 5~e~ et 10~e~ armée-corps, qui avaient gravement souffert le 16, devaient servir de réserve. L'armée toute entière devait opérer une conversion à droite, afin de cerner la droite de l'ennemi et le rejeter sur Metz. La garde et le 12e armée-corps, encore intacts, eurent à accomplir cette mission difficile qui devait décider de l'issue de la bataille. Ils devaient pour cela marcher quatre heures environ de Mars-la-Tour aux positions ennemies. L'aile droite et le centre ne devaient attaquer que quand le mouvement de gauche serait terminé et se borner jusque là à un feu d'artillerie.

L'armée allemande a prouvé, le 18 août, son habileté manœuvrière, car cette immense conversion s'est opérée sans à-coup ni dislocation, en moins de quatre heures.

A midi toute la ligne était en même temps prête au combat. On ne peut pas encore écrire assez complétement l'histoire de cette journée, la plus importante et la plus acharnée de toute la campagne; nous n'avons quelques minces détails authentiques que du côté des Allemands. La position des troupes françaises n'est pas encore entièrement connue; aussi devons-nous nous borner à signaler les phases principales de la journée.

Vers midi, les avant-postes commençaient le feu; à deux heures l'engagement était général. De nombreux assauts furent tentés contre les positions françaises, quelques-uns avec des forces considérables, mais ils ne produisirent aucun résultat. A 6 heures, les Allemands n'étaient maîtres d'aucun des points de la ligne principale. Le 7e et 8e armée-corps, peu favorisés par le terrain, étaient presque épuisés; le 9e se maintenait avec peine et au prix de grands sacrifices en avant de Vernéville. L'attaque de St.-Privat par la garde avait été repoussée avec des pertes énormes; le 12e armée-corps seul, qui avait eu le plus long trajet à parcourir, était encore intact. Vers 5 heures il atteignit les environs de Roncourt, et put faire converger tous les feux de son artillerie sur St.-Privat. Enfin, très tard dans la soirée, entre 7 h. ½ et 8 h. ½, ce point servant d'appui à l'aile droite des Français, fut enlevé par une attaque combinée du 12e armée-corps et de la garde. En même temps à l'autre aile, la victoire se décidait aussi pour les Allemands. Le 2e armée-corps, après une marche forcée extraordinaire, entrait en ligne. Il se déploya en avant de Gravelotte et

Ligne 38. — A l'autre aile, la victoire ne se décidait pas le moins du monde pour les Allemands : en réalité, centre et gauche furent inébranlables. Il y a plus : il se produisit assez tard chez l'ennemi, en avant d'Amanvillers, un vide, arpenté librement, à la nuit, par l'artillerie à cheval de la Garde impériale française ; vide dont le maréchal Bazaine eût acquis la notion en sortant de Plappeville. Jamais plus belle occasion de remporter la plus extraordinaire des victoires historiques, ne fut offerte à qui ne fit rien, ce jour-là, pour en être digne.

Notre IVe Corps était resté maître de l'ancienne ferme-château de Montigny-la-Grange et du village d'Amanvillers, que l'incendie coupait par le milieu de sa rue : il n'avait pas même flotté sous le canon de la Garde prussienne ni sous celui des Saxons, qui le prirent d'écharpe, et puis de revers après l'enlèvement de Saint-Privat. L'ennemi manquait de réserves fraîches, son 12e armée-corps ayant donné ; les nôtres, artillerie et Garde impériale, restaient disponibles sur le plateau du Gros-Chêne.

Malgré la nuit, ne pouvait-on lancer cette excellente troupe sur Saint-Privat ? — Balance faite du mérite des Saxons, des pertes et de l'épuisement de la Garde prussienne, le succès, — respectons les susceptibilités, — était au moins probable.

L'honneur des armes aurait grandi par un sacrifice de 2000 hommes peut-être, et l'affaire, au passif des assaillants, devenait assez rude, « pour qu'on se comptât avant de repiquer » [1].

[1] Réplique du général Pélissier aux impatients, après l'attaque infructueuse de l'enceinte de Sébastopol, le 18 juin 1855.

Ligne 1. — « L'élan irrésistible » du 2e armée-corps était contenu par les nôtres dans de justes bornes. Si Saint-Hubert, sommet d'un triangle, qui plongeait par ce point sous l'horizon de notre ligne générale, finit par être *évacué,* après une longue résistance du bataillon Molière, du 80e régiment (brigade Sanglé-Ferrière), ces hauteurs dominantes de Point-du-Jour et de Moscou, citées dans le récit du général Hannecken, furent obstinément et victorieusement défendues. Les rapports officiels de Zastrow et autres n'ont pas dit qu'on les avait emportées; et, dans la *matinée du 19,* le corps de mon vaillant fils, tué près Moscou, à cette heure suprême, y gisait encore, enveloppé d'une couverture, au milieu de ses soldats (brigade de Braüer).

Ligne 6. — Si 180000 hommes *au plus* ont été engagés, il n'est pas très-exact de dire que 180000 hommes *au plus* ont remporté la victoire. M. le général Hannecken m'accordera, je pense, que les réserves non engagées, en position ou en marche, y contribuent sans tirer un coup de fusil?

Ligne 18. — « Le but d'une grande bataille est le *complet anéantissement* de l'adversaire, et *ce but n'avait pas été atteint* ». — Rien de plus net, à coup sûr? Cependant, le télégramme daté Rezonville, jeudi 18 août, neuf heures du soir, disait à S. M. la reine de Prusse : « L'armée française, dans une très-forte position à l'ouest de Metz, attaquée aujourd'hui sous mon commandement, a été *complétement battue* dans un combat de neuf heures, coupée de ses communications avec Paris et rejetée sur Metz ».

Eine Depesche! eine officielle Depesche! — Permettez-moi, général Hannecken, de vous demander si nous avons affaire, cette fois, au télégramme-Podbielski?

Enfin, dans sa lettre à la Reine (Rezonville, 19 août 1870), le Roi donne sa chronique : « une attaque en avant fut faite, à la tombée de la nuit, *sur* Gravelotte, et accueillie par un feu si violent d'infanterie abritée derrière des fossés en étage, et d'artillerie, que *notre 2e Corps* aussitôt arrivé sur le terrain, *dut attaquer* l'ennemi *à la baïonnette*. Il enleva complétement cette forte position et s'y maintint. Il était huit heures et demie, etc... »

Renvoyons le royal écrivain à la note, ligne 1; et, colonel Borbstaedt, gardez-vous, le cas échéant, d'admettre au répertoire cette nouvelle attaque à la baïonnette ! — On a un faible pour la baïonnette, *rue des Canonniers?*

Traitons S. M. avec la considération qu'elle mérite. — *La première armée, dans la guerre actuelle contre la France,* est un document de quelque valeur que l'on peut invoquer à l'appui de cette version royale. Après avoir dit que Saint-Hubert fut emporté *(Nous savons comment?),* « mais avec des pertes considérables », le *Stylist* militaire continue en ces termes : « des tranchées-abri, fortement occupées et *admirablement défendues,* ne permirent pas à nos troupes d'avancer davantage ».

« L'artillerie, placée sur les hauteurs de Gravelotte, recommença son feu vers quatre heures, lorsque l'ennemi se montra de nouveau, et fut assez efficace pour l'empêcher d'avancer. Elle mit en même temps le feu aux deux auberges dont il a été question plus haut (il s'agit de *Moscou,* qui n'est qu'une ferme, et de Saint-Hubert, qui est ferme et auberge tout à la fois). Les troupes qui les occupaient durent se retirer sous le feu de ces batteries ».

Voilà donc Saint-Hubert évacué ou emporté une seconde fois !

Notre officier décerne au 2e armée-corps, *soutenu d'autres renforts considérables,* le rôle foudroyant que l'on connaît : « ces braves bataillons descendirent de nouveau les hauteurs de Gravelotte, se déployèrent et se jetèrent sur l'ennemi qui occupait le versant opposé. Ils éprouvèrent des pertes considérables, *mais les hauteurs ennemies tombèrent en notre pouvoir.* Ainsi se termina le combat du 18 août ». Si vous en êtes si sûr, loyal historien, pourquoi donc ajouter aussitôt : « *le lendemain matin* (19 août, je pense?) *les Français avaient abandonné les hauteurs,* et s'étaient retirés à l'abri des forts de Metz ».

Le lendemain matin, 19 août, les Français, répétons-le, ne s'étaient pas tous retirés sous Metz.

La Garde impériale, immobile au Gros-Chêne, formait, pour le IVe Corps, devenu aile droite, un flanc suffisant, dût le VIe, rallié à la faveur de la nuit, passer en réserve...... et la bataille pouvait être reprise. Le maréchal Bazaine, qui n'était plus à la fin de la journée du 18 sur le terrain de la lutte, en jugea sans doute autrement; ou mieux la rentrée de l'armée dans le camp de Metz était d'avance chose arrêtée dans son esprit; car, écrit le comte René de la Tour-du-Pin, aide de camp du général de Ladmirault, de *longues instructions préparées* dans ce sens furent remises à tous les officiers, qui vinrent chercher des ordres près de sa personne.

Le mouvement de retraite, commencé dans la nuit, s'effectua de la droite à la gauche : le IVe Corps évacuait Montigny-la-Grange et Amanvillers avant l'aube, mais Moscou et Point-du-Jour ne furent déserts que très-tard dans la matinée. L'ennemi ne parut point s'attendre à pareille aubaine; et les troupes allemandes, jalouses de vérifier la parole du Roi, — « c'était hier un nouveau jour de victoire, dont les suites ne peuvent encore être appréciées », — ne se montrèrent que longtemps après sur ces positions, où tant de récits et de dithyrambes les ont acclamées la veille.

vers 8 heures, il s'empara avec un élan irrésistible des hauteurs dominantes de Point-du-Jour et Moscou. Le 3e et le 10e armée-corps n'avaient pris part à la journée que par leur artillerie.

Six armée-corps allemands, au plus 180,000 hommes, avaient remporté la victoire; mais aucun trophée, aucune pièce de canon démontée ne resta nulle part entre leurs mains. Ce fait fait honneur aux vaincus. De plus, 40,000 tués ou blessés témoignaient de l'acharnement inoui de cette lutte de neuf heures, dans laquelle le courage des Allemands n'a triomphé qu'avec peine de la solidité des troupes Françaises.

Dans la nuit, le maréchal Bazaine ramena de nouveau son armée sous Metz.

Il peut être utile de considérer quelques instants les résultats de ces journées sanglantes: le but d'une grande bataille est le complet anéantissement de l'adversaire, et ce but n'avait pas été atteint. L'armée française était encore debout, acculée aux forts de la place, et son courage n'était pas affaibli; mais elle était séparée de son pays, et devait se suffire avec ses propres forces, réduite aux approvisionnements que contenait la forteresse. Dans une position inattaquable immédiatement, elle pouvait se refaire en toute sécurité des fatigues des grandes batailles qu'elle venait de livrer: les Allemands étaient dans une situation complétement différente; en communication sûre avec leur patrie, ils pouvaient en recevoir des combattants et des approvisionnements, mais ils devaient fournir désormais le service pénible d'une surveillance continuelle, qu'on ne pouvait impunément interrompre un seul instant. Ils étaient ainsi privés de ce repos qui leur était si nécessaire et qu'ils avaient si bien mérité. Pendant quelques semaines encore, les chances allaient rester égales des deux côtés et quoique plus de 80,000 hommes eussent disparu, le résultat obtenu était très mince. On peut se faire une idée de l'esprit qui régnait parmi les troupes, si l'on remarque que les Allemands, les vainqueurs de ce duel gigantesque, n'avaient fait que 6000 prisonniers non blessés, tous sans exception dans les villages qu'ils venaient de défendre jusqu'à la dernière extrémité; ils avaient eux-mêmes perdu 800 hommes prisonniers, et deux pièces de canon. *)

La journée du 18 mit fin à la poésie de la lutte: voici venir la période prosaïque des longues journées et des nuits de veille, période de résignation et fatigues continuelles. Mais poésie ou prose doivent conduire au même but, l'anéantissement de l'adversaire. Plus d'attaque, plus de défense, il s'agit de souffrir plus longtemps que son ennemi: la patience de l'assiégé, limité dans ses ressources, sera-t-elle plus longue que la force morale de l'assiégeant assujetti à un service pénible et exposé aux intempéries? La faim combat à côté des Allemands pour leur livrer la victoire, mais les maladies épidémiques sont les auxiliaires des Français, et au milieu de tout cela, la guerre peut à toute heure agiter encore ses dés sanglants, jusqu'à ce que vienne enfin le dernier jour irrévocablement décisif.

19 août au 1er septembre.

Occupons-nous d'abord des Allemands; leur but est simple, l'investissement de l'ennemi; leur moyen simple également, une vigilance de tous les instants: ils ne doivent avoir aucune autre préoccupation pendant toute la durée des opérations, à moins qu'ils ne veulent entreprendre le siége régulier de Metz, mais cette entreprise considérable n'a pas été ordonnée, on n'y a même pas songé.

Le roi de Prusse détacha des deux armées réunies, trois armée-corps; la garde, le 12e et le 6e armée-corps non employé jusqu'ici, formèrent, avec de fortes divisions de cavalerie, une armée nouvelle, armée de la Meuse, sous le commandement du Prince Royal de Saxe: elle allait marcher à de nouveaux combats sous Paris.

---

*) Dans l'édition allemande, les pertes sont évaluées à: 6000 prisonniers, 7 pièces de canon, du côté des Français; et 800 prisonniers du côté des Allemands. L'Auteur induit d'abord en erreur, par une dépêche non-officielle, a autorisé la rectification que nous avons faite.

Lignes 1-3. — L'annotateur de l'édition de Cassel, que je crois bien informé sur ce point, porte à **12000** hommes, en nombre rond, la perte des Français. On n'est pas d'accord sur le chiffre des prisonniers ou disparus; mais il est certain que les ambulances de Montigny-la-Grange, Saint-Privat, Marengo et Sainte-Marie-aux-Chênes ont fourni leur contingent. Dans l'édition de Cassel, les pertes françaises, pour les trois journées des **14**, **16** et **18** août, sont évaluées à **32817** hommes, dont **1642** officiers.

Il faut élever à 950 le nombre des prisonniers allemands, et puis ajouter à l'actif français, un étendard [1], afin de compléter les rectifications de la *Note*, en réparant une erreur, que la première édition-Zabern, écho fidèle de l'allemand, a propagée pour sa part à **1500** exemplaires.

[1] Le général Hannecken ne l'admettait pas. — Et cependant je dois croire que le maréchal Bazaine ne l'a pas inventé dans son *ordre général* du *20 août 1870* ?

Ligne 24. — « Cette entreprise considérable *(le siége de Metz)* n'a pas été ordonnée; on n'y a même pas songé ». — J'en suis certain; mais le *Moniteur royal de Prusse*, ayant ses raisons pour cela, imprimait, à la date du 9 septembre : « Le bombardement de Metz (Fort Saint-Quentin) commence ».

Cette canonnade, que Metz a entendue dans la soirée du 9, n'avait pas seulement pour objet de faire passer aux troupes une nuit d'alarmes sous des torrents d'eau, ou de fournir aux émules de notre Gustave Doré des illustrations pittoresques. Elle s'adressait aux prisonniers de Sedan, que l'on convoyait en grand nombre vers Pont-à-Mousson; et l'on souhaitait que leurs correspondances prochaines en répandissent *de auditu* l'effrayante nouvelle dans le Pays. On s'avouait que les volées perpétuelles d'une cloche allemande pouvaient, à bon droit, paraître suspectes, et l'on espérait des miracles de la badauderie ordinaire des journaux *à sensation*. Ne les a-t-on pas vus emboîter tous les *Aufschneider* d'outre-Rhin, et même accepter, en les expliquant à leur façon, ces récits, cru de Cologne, qui promenaient aux environs des Trois-Rois, des drapeaux français pris à la bataille de Courcelles (*lisez* Borny) !

Lignes 7-19. — Ce passage répond à tous auteurs de bonne et de mauvaise foi.

L'armée d'investissement était tenue à l'effectif respectable de 200000 *combattants*, — ne lisons pas 200000 hommes! — tandis que le maréchal la croyait inférieure, et que Metz l'accusait, la politique aidant, de vouloir qu'on la vît plus grosse que de raison.

Une brochure patronnée par le Conseil municipal de la Ville [1], et qui n'est pas, on le comprend, d'une bienveillance marquée à l'égard du général en chef, ajoute à certaine Note officielle rapportée sous le n° *LIX* de l'*Appendice*, — note qui fixait à 180000 hommes l'armée de blocus : il faut voir dans ce chiffre 180000, un *chiffre grossi de 30000* pour les régiments de Landwehr, « réunis en arrière de la ligne d'investissement de la rive droite, c'est-à-dire du côté de la frontière ». Mais aussi « l'instinct populaire était que du régime nouveau dépendait notre salut [2] ».

[1] *Le Blocus de Metz en 1870.* — [2] *Ibid.*, page 24.

Dès le 21, ces troupes se séparèrent de l'armée de siége, qui, tout en conservant les noms de 1ère et 2e armées allemandes, fut placée sous le commandement supérieur du Prince Frédéric-Charles. Elle comprenait 7 armée-corps, les 1er, 7e, 8e de la première armée, et les 2e, 3e, 9e et 10e de la deuxième.

Le 25 août, la 1ère armée fut renforcée de 3 divisions de réserve composées de 18 bataillons, 3 régiments de cavalerie, 6 batteries, en tout 20,000 hommes. En outre, mais seulement quelques semaines plus tard, de nombreux renforts vinrent combler les vides causés par les combats. Le chiffre de ces renforts ne peut pas être évalué exactement, il a pu s'élever à 25 ou 30,000 hommes. D'après ce relevé d'effectifs, l'armée d'investissement était forte de 230 ou 240,000 hommes, mais elle n'a probablement jamais atteint ce chiffre. Au commencement les victimes du feu, et plus tard les malades, ont constamment diminué ce total, en sorte qu'en réalité, le nombre des combattants s'élevait à peu près à 200,000 hommes.

Plaçons en regard les forces des Français. Le maréchal Bazaine ne ramena certainement pas sous les forts de Metz plus de 140,000 hommes; pour lui, chaque malade, chaque blessé était une perte réelle qu'il ne pouvait pas remplacer. Aussi, le nombre des combattants diminuait de semaine en semaine, et à la fin du drame, il avait à peine 130,000 hommes capables de marcher, et comme nous le verrons plus tard, la moitié seule se trouvait en état de combattre.

D'une façon générale, la 1ère armée allemande cernait la rive gauche de la Moselle, et la 2e, la rive droite; un armée-corps tout entier servait de réserve à chacune d'elles, pour être dirigé, partout où sa présence pouvait être utile. Des ponts furent jetés en amont et en aval de la forteresse, qui elle-même fut entourée sur toute sa circonférence d'ouvrages fortifiés, de batteries, de tranchées-abri superposées en deux ou trois étages, et les villages situés sur la ligne de circonvallation furent solidement mis en état de défense. Les avant-postes furent placés en avant de cette ligne, aussi loin que le feu des forts le permettait; ils restaient néanmoins exposés aux projectiles des pièces de gros calibre. Les réserves seules étaient complétement à l'abri de leur atteinte. Les lignes de circonvallation comptaient six milles environ d'étendue (45 kil. env.); des observatoires avaient été établis sur tous les points élevés et des fils télégraphiques les mettaient en communication entre eux, de même qu'ils reliaient les quartiers généraux des armée-corps. Ainsi rien n'avait été négligé pour mettre les troupes à l'abri de toute éventualité; on les faisait souvent changer d'emplacement, pour des raisons de service ou de bien être: les détails à ce sujet nous font défaut, au reste, grande n'est pas leur importance, puis qu'il est prouvé aujourd'hui, que l'investissement de l'assiégé a été jusqu'au dernier jour parfaitement établi et suffisant.

Pendant tout le temps qui va s'écouler, les Allemands ne devaient nullement chercher des occasions de combat; c'était au maréchal et aux Français d'essayer d'échapper aux bras de fer qui les étreignaient, ou tout au moins à ébranler cette étreinte, pour ne pas rester sans communications avec l'extérieur, et rendre possible leur ravitaillement.

Il convient maintenant d'examiner rapidement, quelle était l'opinion accréditée en France, au commancement de cette guerre.

Il y a 10 ans à peine, un officier français, d'un grade élevé, écrivait dans une des revues militaires les plus estimées, que les Français, n'importe quel fut leur adversaire, étaient certains de la victoire:

1° s'ils étaient supérieurs en forces,
2° s'ils étaient en nombre égal,
3° s'ils étaient moitié aussi nombreux:
4° si leur adversaire était trois fois ou même quatre fois plus fort, l'issue du combat pouvait être défavorable, mais on devait tenter de vaincre.

Sans examiner si tous les militaires français avaient adopté en entier cette manière de voir, on peut aisément en déduire que, depuis le plus vieux maréchal jusqu'au plus jeune soldat, aucun Français ne pouvait croire à la possibilité de voir cette guerre, n'avoir pour théâtre exclusif que la France. Chacun était convaincu que, quelques jours après

Lignes 4-34. — *Cette faute énorme, si désastreuse par ses conséquences* [1], ne peut, ainsi que le fait voir, par le simple rapprochement des chiffres, le général Hannecken, retomber sur le maréchal. En présence d'un résultat qu'il faudrait, en situation normale, imputer au commandement, tant de grands et moyens ordonnateurs se sont sentis atteints, qu'il s'est établi, sans entente préalable, une merveilleuse conspiration du silence. L'habitude de faire céder tous intérêts militaires aux commodités administratives, l'emporta ici comme ailleurs : on en avait souffert en 1854, en 1855, en 1856 et 1859 ; on devait en mourir en 1870.

Mais cette cruelle vérité, ô traducteur de Cassel, ne justifie point votre leçon : « le maréchal ne doit porter *en quoi que ce soit,* la responsabilité des conséquences d'une faute aussi capitale » ; car votre *en quoi que ce soit* n'appartient plus au texte allemand.

[1] Le capitaine d'artillerie du VIIe Corps français, auteur de la brochure *Histoire de l'Armée de Châlons par un volontaire de l'Armée du Rhin,* trompé comme le commun de ses compatriotes, n'écrirait plus au même endroit de son récit, en parlant de l'Armée de Metz : on l'installa autour de la ville... « sans *même* faire rentrer dans les lignes les fourrages et les vivres de l'armée du Rhin tout entière, qu'on avait, depuis le commencement de la campagne, accumulés autour de la place ». — Les six premières pages du Chapitre IV sont à refaire.

le commencement des hostilités, les Français fouleraient le sol allemand, et que, quelle que fut l'issue de la lutte, elle serait limitée à ce territoire.

Le Ministre de la Guerre lui-même a fait ses préparatifs d'après ces considérations : les deux grandes places fortes de la frontière allemande, Strasbourg et Metz, et surtout la dernière, regorgeaient de matériel de guerre pour l'approvisionnement des armées ; mais leurs remparts, lors de l'apparition des Allemands n'étaient nullement armés ou l'étaient incomplétement, et les pièces de siége se trouvaient encore dans les dépôts ; mais les magasins ne contenaient pas de vivres, on les avait réunis dans des villes ouvertes plus commodes. Ainsi, Lunéville et Sarreguemines avaient été choisis comme centres d'approvisionnements, quoique situés presque sur la frontière ; ces deux villes tombant dès les premiers jours entre les mains des Allemands, rendirent beaucoup plus facile leur marche en avant. Si les magasins s'étaient trouvés à Metz et à Thionville, il y aurait eu quelques légères difficultés pour approvisionner l'armée envahissant l'Allemagne ; mais aussi, vu le résultat des premières hostilités, cette circonstance seule aurait pu modifier la marche des opérations ultérieures ; car la quantité d'approvisionnements était si considérable, qu'elle aurait suffi à alimenter pendant des mois entiers, l'armée cernée à Metz. Même après le 6 août, alors que le siége de cette place était probable, on ne parait pas avoir songé à transporter les approvisionnements de Lunéville à Metz, et cependant on avait, pour cette opération, plusieurs jours et un chemin de fer à deux voies.

Le maréchal Bazaine ne peut être responsable de cette faute énorme, si désastreuse par ses conséquences ; il a pris le commendement en chef le 12, alors que les magasins de Sarreguemines et de Lunéville étaient déjà aux mains de l'ennemi : il parait, au contraire, avoir compris la nécessité d'un fort approvisionnement de Metz, et c'est à dater de ce jour, que l'on a fait venir des environs de la place tout ce qu'elle renfermait de viandes fraîches et autres denrées. De grandes quantités de farine s'y trouvaient constamment, et aussi lors de l'investissement, car cette forteresse renfermait une des importantes manutentions de la Guerre. Ces provisions auraient peut-être suffi quatre ou cinq mois, à la garnison de siége et à la population habituelle. Malheureusement aujourd'hui, à côté d'une armée entière, le nombre des bouches à nourrir était augmenté des habitants des localités environnantes, dont on porte le chiffre à 30,000, qui s'étaient réfugiés à Metz, affolés par la crainte ou poussés par un zèle mal entendu. Cette circonstance avait diminué le nombre des logements disponibles, en même temps que le maintien de l'ordre était rendu plus difficile. En fait, la ville de Metz doit avoir présenté ce jour-là, et plus tard encore, le tableau d'un grand désordre.

Le départ, entravé le 14 par un combat sérieux, se continua le 15 avec moins d'ordre; mais l'on n'était nullement préparé à une retraite; et maintenant, contre toute attente, l'armée toute entière était rejetée sous cette même forteresse qu'elle n'avait quitté qu'avec peine. Il fallait donner asile en même temps à 30,000 habitants des environs, et avant tout, à un nombre presqu'aussi considérable de blessés qui avaient été ramenés après ces trois journées meurtrières. Il fallait avec cela nourrir 190,000 soldats (y compris les blessés), armer la forteresse, mettre de l'ordre dans les corps de troupes un peu confondus, organiser la fabrication des munitions de guerre presque complétement épuisées, en un mot, mettre de l'ordre dans ce chaos. Et tout cela fut fait dans sept jours. N'est-on pas forcé d'avouer que depuis le maréchal Bazaine, jusqu'au dernier sous-lieutenant, tout le monde a bien fait son devoir?

Le 26, l'armée était déjà prête à recommencer la lutte; elle put passer sur la rive droite de la Moselle, grâce aux ouvrages construits récemment. Il pleuvait à torrents; l'attaque projetée n'eut pas lieu. A dater de ce jour, l'armée française fut divisée en quatre cantonnements réguliers, deux sur chaque rive, placés hors d'atteinte de l'artillerie prussienne: plusieurs ponts furent jetés en dehors de la forteresse, en amont et en aval, afin de parer à toute éventualité.

Plusieurs personnes font un grand reproche au maréchal

Ligne 22. — « 190 000 soldats y compris les blessés? » — L'effectif de l'armée active était de 157 990 hommes. — Grand quartier général, 1 800. — Garnison de Metz, 8 000. Total 167 750, sur quoi la moyenne des blessés et malades a été de 20 000.

La fabrication des munitions de guerre n'était pas un des moindres soucis de M. le général Soleille, commandant l'artillerie de l'armée. On redoutait le manque de projectiles; on était menacé d'une disette de capsules-chassepot. Avec le maréchal Le Bœuf, assez aveugle pour vouloir séduire des ennemis et des utopistes mille fois plus redoutables que toutes les armées allemandes, on en était venu à prescrire, avant la guerre, de ne pas même remplacer les consommations.

Des armes perfectionnées impliquent un outillage et des ouvriers spéciaux, que notre centralisation a le plus souvent logés près d'elle, loin des dépôts qu'ils alimentent. Installer, par exemple, dans la place de Metz, la fabrication des capsules-chassepot exigeait qu'on y trouvât un officier d'artillerie qui l'eût au moins étudiée, et suffisamment pratiquée à Montreuil-sous-Paris; et l'ingénieur, pourvu de son emploi, songeait à récolter la maigre provision de mercure que deux ou trois laboratoires de chimie, notre unique ressource, n'étaient pas assurés de fournir.

de s'être laissé arrêter par le mauvais temps, qui était également défavorable aux Allemands, et de n'avoir pas ce jour-là livré une grande bataille. Ces accusateurs ne font pas attention que toujours, désormais, le rôle d'assaillants est dévolu aux Français. Ceux qu'ils doivent attaquer occupent déjà de solides positions fortifiées; leurs batteries sont en place, tandis que l'artillerie de leurs adversaires doit se mouvoir péniblement sur un sol détrempé et ne peut prendre part au combat que lentement et successivement. Ce désavantage est d'une telle importance, que, par exemple, Napoléon, à la bataille de la Belle-alliance, retarda de deux heures son attaque, pour ce seul motif, afin de laisser le terrain se raffermir quelque peu; on peut dire en passant, que ce délai seul rendit possible l'arrivée des Prussiens à l'aile droite, ce qui ne contribua pas peu à la perte de la journée. Si un capitaine aussi expérimenté que Napoléon, accorde aux conditions du temps une si grande importance, le maréchal Bazaine est certainement bien excusable, le 26, d'autant mieux qu'il pouvait tenter tout autre jour, ce qu'il différait en ce moment.

En effet une grande sortie eut lieu quelques jours après, et dans les conditions, qui pouvaient paraître les plus favorables, selon tous les calculs de prévoyance humaine. Pendant ce temps-là, le maréchal Mac Mahon commençait avec son armée nouvellement formée, et à peu près de même force que celle de Bazaine, sa marche en avant pour débloquer Metz, se dirigeant directement au Nord contre l'armée de la Meuse, commandée par le Prince hériteur de Saxe. Cette armée était de beaucoup inférieure à celle de son adversaire, et la rapidité de la marche du maréchal Mac Mahon devait, selon toute probabilité, la forcer à se battre, avant que le Prince Royal de Prusse put envoyer à son secours de forces suffisantes. Aussi, l'armée de la Meuse reçut-elle l'ordre d'attendre, à l'Ouest de Stenay, le renfort de deux armée-corps tout entiers, que le troupes d'investissement devaient lui envoyer. En exécution de ces prescriptions, les 2e et 3e armée-corps quittèrent Metz le 27, pour se diriger sur Dun et Stenay.

Au moyen des communications secrètes que le maréchal Bazaine entretenait avec l'extérieur, surtout à ce moment-là, il connut bientôt, à n'en pas douter, le départ de ces deux armée-corps, et prit ses résolutions en conséquence. Les forces des troupes d'investissement, après se départ, ne dépassaient guère celles de l'armée assiégée, et, par suite, sur chaque rive de la Moselle, les Allemands ne pouvaient opposer qu'une fraction à peine supérieure à la moitié des Français: il leur était surtout impossible de se porter en forces égales sur une rive, sans rendre illusoire l'investissement de l'autre. Mais, comme ils pouvaient cependant, sur chaque rive, résister au moins un jour, grâce aux ouvrages qu'ils avaient construits, et à leurs batteries solidement établies, le maréchal devait laisser s'écouler deux jour avant de rien entreprendre contre eux, afin que les deux armée-corps détachés n'eussent pas le temps, dans un cas extrême, de rentrer en ligne au moment opportun, par des marches forcées: le 29 était le jour le plus rapproché qu'il pouvait choisir pour l'attaque. Il serait intéressant et important aussi, pour se rendre compte des résolutions de Bazaine, de savoir, d'une façon authentique, à quel moment il a reçu la nouvelle du départ des deux armée-corps.

Le maréchal ordonna pour le 31 août une grande sortie: quel pouvait en être le but? Ses nombreux accusateurs lui reprochent surtout, de n'avoir jamais cherché sérieusement à rompre les lignes d'investissement.

Examinons de près cette accusation: S'il est vrai qu'un faible détachement, ayant réussi à rompre le cercle, peut espérer échapper à la poursuite de l'ennemi, ou par la rapidité de la marche, si comme à Ulm, par exemple, il est composé presqu'en entier de cavalerie; ou en se dérobant à travers les bois, s'il est composé de colonnes peu considérables d'infanterie, il n'en est pas de même d'une grande armée, forte de 140,000 hommes. Celle-ci en effet doit: 1° combattre pour se frayer un large passage, c'est-à-dire, livrer une grande bataille; 2° être prête et resolue à soutenir chaque jour un nouveau combat contre ceux qui la poursuivent; 3° avoir en dehors du train ordinaire, d'immenses munitions de réserve pour l'infanterie et l'artillerie. Ces munitions de réserve ne peuvent pas, dès le principe, marcher en tête de la colonne d'attaque : elles doivent, seulement après la trouée, passer au milieu de l'armée toute entière, protégées par une avant-garde imposante et être désormais fortement gardées par des troupes suffisantes sur chaque flanc. Enfin, l'arrière-garde doit être fortement constituée, de façon à pouvoir résister à l'ennemi et à le maintenir.

La longueur d'un tel convoi, même en marche sur deux rangs, ce qui est possible sur une bonne route, serait dans ce cas d'environ deux lieues, un peu plus d'un mille ; pour avoir l'espoir fondé de bousculer une grande armée et de lui échapper ensuite, trois routes parallèles sont nécessaires, et encore peut-on douter du succès complet, si l'armée n'a pas été battue entièrement ou à peu près.

Battre cet ennemi est donc l'affaire capitale, c'est la tâche de la première journée ; le deuxième jour, ou même dans la nuit, peut commencer la marche en avant. Mais si le maréchal avait réussi dans sa première journée, il ne devait plus abandonner Metz, il aurait au contraire commis une faute en s'éloignant : en effet, l'armée d'investissement battue ou simplement contrainte d'abandonner une rive de la Moselle, l'armée française était relativement libre de ses mouvements ; elle pouvait alors manœuvrer de façon à placer les Allemands dans une position militaire très critique : et il est certain que, quels que fussent leurs succès sur d'autres points, ils ne pouvaient pas songer à continuer avec avantage la guerre, tant que Bazaine ne serait pas de nouveau enfermé dans Metz. Une sortie victorieuse compensait la défaite de son collègue à Sedan ; car, avec la nécessité de diriger sur Metz des forces considérables, les Allemands pouvaient à peine songer à marcher en avant, et dans tous les cas, il n'étaient plus en forces suffisantes pour investir Paris. Bazaine restait-il maître pendant quelques jours d'une rive de la Moselle, il pouvait, au moyen de réquisitions levées au loin sans pitié, réunir des approvisionnements pour un temps considérable, en sorte qu'une fois enfermé dans Metz, n'ayant plus à compter qu'avec un seul ennemi, la faim, il pouvait lutter avec elle plusieurs mois de plus, immobilisant les forces considérables qui le cernaient et ne pouvaient par suite prendre part aux opérations militaires extérieures.

D'après les informations que nous possédons, incomplètes encore il est vrai, le Maréchal Bazaine, dans la journée du 31, ne parait pas avoir eu en vue d'abandonner Metz; les dispositions qu'il a prises prouvent au contraire son intention de chasser l'ennemi d'une des rives de la Moselle. Il choisit la rive droite, d'abord parce que le terrain et la protection des forts détachés permettaient de donner au front d'attaque une étendue plus considérable et proportionnée à la force de l'armée, ensuite parce que les localités situées sur cette rive avaient moins souffert et que les fourrages y étaient plus abondants et plus faciles: enfin, de ce côté, des troupes d'investissement étaient moins nombreuses que sur la rive gauche, par suite leur ligne de défense était moins étendue.

Le 31 août, au point du jour, l'armée française commença son mouvement, l'aile droite s'appuyant au fort de Queuleu, l'aile gauche au fort St.-Julien. A midi, la moitié de l'armée était en position de commencer l'attaque, l'autre moitié, en arrière en réserve, était prête à entrer en ligne; mais l'action ne s'engagea pas immédiatement, et plusieurs heures s'écoulèrent avant que l'artillerie ouvrit le feu contre les troupes allemandes.

La principale ligne de défense de l'armée d'investissement s'appuyait au ruisseau qui, partant de Mercy-le-Haut, traverse Ars-Laquenexy, Colombey, coupe ensuite les deux routes de Sarrebruck et de Sarrelouis, et se réunit à hauteur de Mey avec un autre ruisseau descendant de Noiseville. De là, elle s'infléchissait vers Noiseville, Servigny, Failly et s'arrêtait à la Moselle près de Malroy.

Le premier armée-corps prussien occupait la partie comprise entre Mercy-le-Haut et Servigny, la troisième division de réserve allait jusqu'à la Moselle: ces deux troupes étaient placées sous les ordres du général de Manteuffel.

Ligne 16. — Le général de Manteuffel n'a jamais repris « à la baïonnette » Noisseville et Montoy, *évacués, le 1er septembre, à dix heures du matin,* sur l'ordre du maréchal Le Bœuf, quand on s'est déterminé de proche en proche à ces retraites successives, dont le général de division Deligny a tracé le fidèle et singulier tableau [1].

Encore une attaque à la baïonnette... sur laquelle ou à propos de laquelle il ne faut pas s'emporter, colonel Borbstaedt !

[1] V. *Armée de Metz,* pp. 24-26.

Ligne 26. — « Le nombre des Français engagés n'est pas encore connu »? — Ont combattu : une division du IIe Corps, des troupes des IIIe, IVe et VIe Corps, représentés, chacun sur son front, par une brigade au plus; parce que « le front de l'armée était de moitié inférieur à l'étendue qui lui était nécessaire pour l'emploi utile de ses forces ». Une centaine de mille hommes étaient sous la main du maréchal; mais comme aucune disposition n'a été prise pour mobiliser les réserves en vivres et munitions, il est évident qu'on n'a pas songé à abandonner, même pour quelques jours, la ville de Metz à ses seules ressources.

Vers deux heures, les Français marchèrent en avant, et l'artillerie commença à se faire entendre, mais l'infanterie n'en vint aux mains que deux heures plus tard: son attaque fut mollement conduite et repoussée d'abord sur tous les points, mais dans la soirée (9 h. $^1/_2$), elle réussit à s'emparer de Noiseville et de Montoy et resta ainsi maîtresse de ces importantes positions, qui commandent les deux côtés de la route de Sarrelouis. Les Allemands se maintinrent sur tous les autres points.

En même temps, les deux armée-corps allemands détachés, qui avaient reçu contr'ordre le 29, rejoignirent les troupes d'investissement, en sorte que le soir et dans la nuit, des forces suffisantes pour recommencer le combat, purent franchir la Moselle. Avant que celles-ci fussent en ligne, le général de Manteuffel avait rallié ses troupes, reprenait vers deux heures de la nuit, après une attaque à la bayonnette, Noiseville et Montoy et rejetait les Français hors des positions occupées par eux la veille, en sorte que le 1er au matin, les deux armées se trouvaient placées comme le 31 à midi, mais les Allemands disposaient en ce moment de forces supérieures et leur défaite était plus invraisemblable encore que la veille: aussi le maréchal fit-il rentrer à Metz le gros de son armée.

Du côté des Allemands, le 1er armée-corps et la 3e division de réserve (40,000 hommes environ) avaient seuls pris part à la lutte; le nombre des Français engagés n'est pas encore connu, mais toute l'armée (130,000 hommes) était prête à prendre part à l'action.

Que le maréchal ait voulu, le 31, abandonner Metz, ou simplement s'établir sur la rive droite de la Moselle, la première condition indispensable pour réussir était de battre les troupes qu'il avait devant lui. Or, ce jour-là, il n'eut à lutter que contre $2^1/_2$ armée-corps, représentant à peine la moitié des forces que lui-même pouvait engager, et chaque jour allait diminuer cette proportion à son désavantage; de plus, il y eut beaucoup de temps perdu.

En effet le mouvement commença dès le matin. A midi toute l'armée française était enfin déployée, mais l'attaque sérieuse ne commença que vers deux heures: ce retard est une si grande faute, qu'on peut à peine croire qu'elle ait été commise par un vieux soldat plein de résolution. Il faut donc chercher ailleurs, cette fois encore, la cause de ce fait incompréhensible. En réalité l'attaque fut faiblement conduite par les troupes, d'après les témoignages et les rapports allemands; ce manque de vigueur ne pouvait en aucun cas entrer dans les ordres du maréchal Bazaine. Quoique deux fois plus nombreuses au moins que leurs adversaires, ce n'est que le soir, c'est-à-dire après un combat de sept heures, que ces troupes, qui avaient négligé de donner à leur front d'attaque une largeur suffisante, s'emparèrent de quelques-unes de nos positions incomplétement fortifiées; elles y trouvèrent les canons de deux batteries qu'elles n'emmenèrent point, et qu'elles ne prirent même pas la peine d'enclouer, ce qui est toujours le devoir des troupes, sans que pour cela, il soit nécessaire de recevoir un ordre du commandant en chef. Enfin elles s'établirent si faiblement dans les positions conquises, qu'elles en furent, pendant la nuit, chassées par ces mêmes soldats repoussés quelques instants auparavant, et qui avaient été ralliés. Encore une faute qu'on ne peut attribuer qu'aux troupes; rien de tel n'a pu leur être, ni ne leur a été ordonné par le général en chef.

Il ressort donc complétement de ces faits, que l'armée elle-même, après les combats acharnés du 14 et du 18 août, avait perdu sa vigueur, son élasticité, en un mot la confiance en elle-même, et qu'en même temps, le maréchal Bazaine n'osait plus compter sur elle. Ces deux symptômes étaient si frappants, qu'à dater de cette journée, tous les officiers allemands sentirent que le sort de cette grande armée était décidé désormais: incapable de se délivrer elle-même, sa capitulation n'était plus qu'une affaire de temps.

La durée de l'attente dépendait donc des approvisionnements. Peu après, c'est-à-dire dès le commencement de septembre, commença l'abattage des chevaux dont on dut, tous les jours, sacrifier plusieurs centaines. On prit d'abord les chevaux désormais superflus et pour lesquels le fourrage faisait défaut, notamment les attelages du train; bientôt ceux de

Lignes 1-3. — « L'attaque sérieuse ne commença que vers deux heures : ce retard est une si grande faute, etc. ».

On a suivi l'ordre du maréchal. Le canon se fit entendre, *en ouverture,* à quatre heures et non à deux ; à cinq heures l'infanterie s'ébranla.

Noisseville fut, en toute rigueur, enlevé par les nôtres à la baïonnette, et quelques compagnies se logèrent, à la nuit tombante, dans une partie de Servigny-lès-Sainte-Barbe. Il n'était guère possible de faire plus avec trois heures de jour ; car, le 31 août 1870, le soleil se couchait, d'après la *Connaissance des Temps,* à 6h 43'.

Les observations critiques de M. le général von Hannecken sont implicitement rectifiées par le général Deligny, témoin oculaire [1]. Quant aux canons, il suffisait de les conduire à deux kilomètres en arrière pour les enlever définitivement à l'ennemi. Le maréchal Le Bœuf ne le voulut pas : on avait le temps, fut-il répondu au capitaine d'artillerie J. J. Leclerc. Du reste, je crois pouvoir affirmer que le commandant de Mayence n'écrirait plus aujourd'hui : « l'armée..... après les combats acharnés du 14 et du 18 août, avait perdu sa vigueur, son élasticité, et en un mot la confiance en elle-même.... le maréchal Bazaine n'osait plus compter sur elle ».

Ligne 24. — Le contraire est exactement vrai. Les combats du *14 et du 16* n'étaient pas faits pour écœurer même les plus timides, qui s'estimèrent victorieux, je le répète encore ; mais l'armée, après Noisseville, — je dis après, — commence à ne plus compter sur le maréchal. Il a toujours ses partisans, car le moral des troupes est robuste ; et comme la bataille a pris *ipso facto* la tournure d'une reconnaissance offensive, un officier supérieur soutient par écrit [2] que c'est une opération de cette espèce qu'il a voulu faire.

Le *Rapport sommaire* (p. 10) du maréchal parle d'une marche sur Thionville par Bettelainville et Kédange. Ici nous arrivons à ne plus rien comprendre à la manière dont on l'a menée.

[1] V. *Armée de Metz,* pp. 18-27. — [2] *Le Vœu National,* numéro du 7 septembre.

l'artillerie et de la cavalerie, sans lesquels une armée devient de moins en moins capable de grandes entreprises. Néanmoins cette circonstance n'excuserait pas seule la longue inaction du maréchal, si d'autres considérations n'étaient venu agir sur son esprit.

Le 1er septembre, la seule armée française qui tint la campagne, avait toute entière capitulé à Sedan. Le 4 du même mois, l'Empire était renversé à Paris et y était remplacé par un gouvernement composé d'avocats à la parole éloquente et facile, avec le concours d'un seul militaire de talent. Ce Gouvernement avait pour but ouvertement avoué par lui, la défense énergique du pays, mais sa pensée secrète était, et est encore aujourd'hui l'avénement et le maintien de la république, la France n'en voulût-elle pas.

Mais le maréchal Bazaine est un brave soldat fidèlement attaché à son Empereur. Comme soldat, pouvait-il avoir confiance dans l'habileté efficace d'un gouvernement d'avocats; comme bon impérialiste, voulait-il n'avoir rien à démêler avec la république, d'autant mieux, qu'une fraction seule de la population de Paris avait installé ce nouveau Gouvernement, à l'exclusion de tout le reste de la France. Pour lui, la guerre est terminée, toute résistance est désormais inutile, la paix est nécessaire pour travailler à reprendre un jour ce qui a été perdu; dans ce but il veut conserver son armée intacte. Il a même eu, à n'en pas douter, d'autres projets; il a songé à conclure la paix avec l'adhésion de l'Empereur son maître. La guerre se continue encore avec fureur, mais son issue finale nous apprendra si le maréchal Bazaine n'avait pas choisi le parti le plus juste et le meilleur. La paix, après le complet épuisement causé par la résistance à outrance, devait être plus désastreuse que celle qu'il pouvait espérer en ce moment, n'eut-il pas mieux valu épargner à la France les sacrifices qu'elle s'impose aujourd'hui, et en consacrer une partie à se mieux préparer à la lutte, dans le calme de jours plus heureux. Mieux en mesure un jour de combattre, on aurait pu recommencer une guerre qui, dans son opinion, n'était pas terminée mais différée seulement.

Mais, disent ses accusateurs, le maréchal devait défendre son pays, la France, que la France fut empire ou république. Certainement, il devait pour la France combattre jusqu'au dernier homme, et tenir jusqu'à la dernière bouchée de pain; aussi l'a-t-il fait, et même ses ennemis les plus exaspérés reconnaissent-ils qu'il n'a été vaincu que par la faim, la faim la plus atroce.

Examinons un instant comment ce brave général a organisé, soutenu cet horrible combat: nous verrons ainsi ce qu'il a fait pour la France, et nous rechercherons s'il était de son devoir de tenter autre chose.

2 septembre au 27 octobre.

Immédiatement après le 18 août, jour où l'armée fut complétement rejetée sous Metz, tout le monde s'accorde à dire que le désordre régna dans la distribution des approvisionnements, comme dans les autres services, et que la dissipation fut grande; mais si l'on songe à l'inattendu de la situation, si l'on remarque que chacun dans les premiers temps, se présentait n'importe où, pour recevoir des vivres, et que les employés ne pouvaient opposer aucune résistance à cette tempête d'exigences, on se convaincra facilement que tout ce qui était possible a été fait, puisque, quatre jours après, l'ordre était déjà rétabli dans les distributions. A dater de ce moment, les livraisons se firent avec régularité et parcimonie; le maréchal Bazaine ainsi que les autres commandants de corps, ont constamment surveillé cette branche importante du service, et l'ont fait avec le plus grand soin et la plus grande énergie. Au reste, chacun jusqu'au plus jeune soldat, était pénétré à un si haut point de l'importance de l'ordre, que, même au moment des plus étroites privations, on n'a eu aucun excès à signaler: ce fait est à l'honneur de tous.

La totalité des gens à nourrir fut divisée en deux parties: la première comprenait les habitants de la ville et ceux des environs qui s'y étaient réfugiés, la garnison particulière de la forteresse, les blessés et les malades; la seconde com-

Ligne 28. — « et l'ont fait avec le plus grand soin et la plus grande énergie ». — *Ajoutez :* A ceux qui s'indignèrent, le lendemain du 27 octobre, d'avoir vu nos chevaux manger un mélange d'avoine et de blé, je présente un défenseur qu'ils ne récuseront pas : M. Emile Bouchotte, fermier des Moulins de la Ville.

La cause de ces mélanges, au rapport de cet honorable citoyen [1], mélanges dont le départ était à peu près impossible en de telles circonstances, est imputable à ces vendeurs en blouse bleue, qui firent bon marché des 36 francs donnés par sac de froment, quand l'Intendance aux abois payait l'avoine 45. De quoi vous plaignez-vous, disaient ces patriotes, qui avaient tout bénéfice, au rebours de l'ordinaire, à tromper en bien sur la nature des choses ? — Vos chevaux mangeront le blé comme l'avoine !

Nourrir ses chevaux, ou seulement permettre aux meilleurs de vivre, fut, dès la fin de septembre, le plus difficile des problèmes. Des cavaliers de toutes armes et des batteries de la Garde, notamment, ont fait, pour le résoudre, les efforts les plus intelligents, les sacrifices les plus complets. Les soutenir jusqu'à l'abattoir exigeait déjà beaucoup d'industrie : la mort pour ces squelettes, qui s'étaient réciproquement dévoré la queue et la crinière, marchait plus vite que la consommation.

[1] *Blocus de Metz*, publication du Conseil municipal ; *Appendice, note LXIII.*

prenait l'armée proprement dite, qui campait hors ville sous les forts. Chacune de ces deux parties comptait de 120,000 à 130,000 bouches; les provisions furent partagées également et d'après un contrôle soigneusement établi, pour les ménager autant que possible. Comme nous l'avons déjà dit, le cheval formait la seule provision en viande depuis le commencement de septembre: la ville et l'armée tinrent le même temps avec leurs vivres; la quotité distribuée fut réduite au minimum extrême. La ville avait peut-être quelques vivres, quand ceux de l'armée étaient épuisés en entier: ce fait s'explique naturellement, les habitants ayant pu cacher chacun quelques provisions avant le recensement de l'autorité militaire, ou ayant fait une déclaration au dessous de ce qu'ils possédaient en réalité. Cet accord presque complet parle en faveur de l'habileté, de l'énergie et de la prévoyance des employés préposés aux distributions. Du moment que Bazaine et son armée avaient engagé la lutte avec la faim, on se demande si l'on ne pouvait rien tenter pour tirer des vivres du dehors: on adresse à ce sujet au maréchal les reproches les plus vifs et en même temps les moins fondés. Tous ses détracteurs partent de l'idée singulière, que les villages qui entouraient Metz et dont les Français, à la suite d'un hardi coup de main, auraient pu rester maîtres pendant quelques heures, regorgeaient de provisions de toute nature. En fait, le contraire est exactement vrai: les riches habitants s'étaient tous enfuis vers la ville, emportant avec eux toutes leurs provisions, le vin excepté, et Metz n'en a jamais manqué; d'un autre côté les ressources des habitants moins aisés étaient immédiatement et systématiquement enlevées par les Allemands; quant aux nécessiteux des environs, il est notoire que l'armée allemande les a nourris directement ou indirectement. On peut dire au reste d'une façon certaine, que les provisions de toutes les localités réunies ensemble, auraient à peine pu suffire pendant deux jours, à la consommation de Metz et de son armée. Ceux-là seuls qui ont occupé ces villages, c'est-à-dire les Allemands seuls, peuvent avoir à ce sujet des renseignements exacts, et toutes les déclamations des Français ne sont qu'hypothèses creuses d'estomacs à jeun.

L'armée allemande avait une quantité d'approvisionnements dont la possession eût pu être d'une utilité efficace pour Metz, mais les magasins étaient situés assez loin, pour qu'une victoire fut nécessaire pour en rendre les Français maîtres. Le jour où une quantité assez importante de ces approvisionnements se trouva à proximité de la forteresse, par suite d'une trop grande confiance ou par imprévoyance, l'occasion fut immédiatement mise à profit, comme le prouve la sortie de Peltre (27 septembre), ordonnée par le maréchal et heureusement conduite: l'ennemi nous enleva 50 bœufs. Depuis ce jour, il est vrai, les Allemands ne commirent plus pareille imprudence: aussi les sorties tentées plus tard pour l'approvisionnement de Metz, devaient être complétement infructueuses.

Le mois de septembre s'écoula en entier sans événement important: à l'exception de minces engagements entre reconnaissances ou entre fourrageurs, les opérations militaires sérieuses ne recommencèrent qu'en octobre.

Maintenant, un profane même, peut avec raison se demander si le maréchal Bazaine, à la tête d'une si grande armée, pouvait faire autre chose, malgré le cercle d'investissement qui s'était resserré autour de lui? Quelques mots pour répondre de plus près à cette question.

Il est certain que, malgré la surveillance des Allemands, les communications de Metz avec le reste de la France, n'étaient pas interceptées assez complétement, pour que le maréchal ignorât, avec quelque retard peut-être, les nouvelles du théâtre de la guerre. Il devait savoir et il sut en effet, que le nouveau Gouvernement du pays avait résolu de pousser la guerre jusqu'au bout, que Paris pouvait et voulait opposer une vigoureuse résistance, et que partout, notamment sur la Loire, des armées étaient en formation. Comme vieux militaire, il devait savoir depuis longtemps, que de bons cadres sont surtout nécessaires, afin de donner de la cohésion aux nouvelles levées et même aux soldats rappelés sous les drapeaux.

Ligne 11. — « La sortie de Peltre (27 septembre), ordonnée par le maréchal et heureusement conduite ».

M. le général von Hannecken, d'accord avec les faits, ne se laisse pas éblouir, comme le public du dehors, par le *Moniteur royal de Prusse,* qui nous renseigne à sa façon :

27 septembre. — Une sortie de la garnison de Metz, faite dans la direction de Mercy-le-Haut, et jusqu'à Arz-le-Quenez *(sic)*, est repoussée avec de grandes pertes pour les Français. Les villages de la Grange et de Colombay sont brûlés [1] ».

Si le commandement, écrit plus tard le général Deligny [2] s'était proposé, en cette occasion, de démontrer pratiquement aux troupes qu'elles n'étaient plus en état de se mesurer avec l'ennemi, et qu'elles n'avaient plus qu'à se résigner à leur sort et à courber la tête, il manqua son but, car elles prouvèrent que leur énergie n'était point éteinte.

Ligne 20. — Donnons-nous, avant de souscrire aux conclusions que M. le général von Hannecken a si bien développées *(pp. 24, 25, 26)*, cette latitude qu'il ne refuse pas même au profane.

Saint-Privat et Roncourt repris, comme ils devaient l'être, le soir venu *(Note, suprà)*, était-il possible, lors même que l'ennemi eût cédé la rive droite de l'Orne, d'Hatrize à Richemont, de déboucher *sans Grand Parc,* le lendemain 19 août, ou dans le délai de quarante-huit heures [3], par la route de Briey-Longuyon, à l'intérieur du redan que les armées allemandes auraient formé ? — Je ne le crois pas.

Coupée de Paris, cette tête monstrueuse du corps national, qui pèse d'un poids si lourd dans la balance de nos destins, l'armée française n'avait plus pour base d'opérations que la seule place de Metz ; une ville à peine couverte par des forts qui sortaient de terre, et où le général Coffinières de Nordeck pouvait dire, sans crainte d'être démenti : « Je n'ai pas de campement, pas d'approvisionnements, pas de munitions, pas de farine pour faire du biscuit, pas de poudre pour faire des cartouches...... il semble que nous ayons

[1] Quand je cite le *Moniteur royal de Prusse,* je copie, dans sa pureté, la *Chronique de la guerre franco-allemande* ; publication, d'après le MONITEUR, du libraire de la cour royale, R. de Decker ; Berlin, 75, Wilhelms-Strasse.

[2] *Armée de Metz*, p. 44.

[3] En plein été, l'eau est rare sur le plateau de la Montagne, et il y avait longtemps, en août 1870, que gens et bêtes des villages étaient rationnés. La sécheresse exceptionnelle de la saison eût prescrit, pour y rester, de se munir, coûte que coûte, d'un abreuvoir sur l'Orne ; condition à laquelle ne songent jamais ces capitaines de l'Elément civil qui daignent s'occuper de nos affaires.

été surpris, dans une paix assurée, par une invasion impossible à prévoir ».

Avec l'offensive, la supériorité numérique de l'ennemi, lors même que l'on eût forcé le passage de l'Orne[1], facile à défendre, à cause des commandements que l'on peut prendre, de la rive gauche, sur les versants dévolus à l'attaque, se serait affirmée par chaque jour de combat; et la consommation rapide des munitions s'en serait accrue, alors que le cercle bientôt formé et fermé derrière nous, enlevait jusqu'à l'espoir d'un ravitaillement. L'adversaire revenant à la charge, on pouvait accepter une quatrième bataille défensive sur une ligne que je m'abstiens d'indiquer : on l'aurait gagnée, ou du moins rendue stérile en ses résultats immédiats, comme l'avait été le massacre de Saint-Privat.

Mais, circonstance caractéristique, et qu'il faut noter avec soin, le rôle d'assaillant ne convenait ni à l'un ni à l'autre parti : accumuler sur tant de morts des pertes inutiles, était une faute que le Roi et son habile conseil n'auraient point commise.

Vivre en face de nous, en attendant le prince héréditaire de Prusse, suffisait, pour quelques jours, au succès final des Allemands; et 30 000 hommes étant nécessaires à la défense du Camp de Metz, dans l'état de dangereuse imperfection où les effectifs croissants de l'ennemi le pouvait encore aborder derrière nous, le maréchal Bazaine ne disposait que de 120 000 hommes au plus, pour renouer avec Paris des communications qu'il nous semble avoir assez volontairement perdues.

Une nation délibérante de trente-cinq millions d'âmes, et la souveraineté du nombre, servie par la pratique du suffrage universel direct, offrent, on l'a vu, des garanties si complètes de lumières et de stabilité, que je n'ose remontrer à mes compatriotes, qu'il fallait se résoudre au plus vite, dans cette situation périlleuse, à rester, rive gauche de la Moselle, sous la protection efficace des forts; puis procéder sans retard, de ce côté-là, fût-ce par des opérations de petite guerre, ès villages, hameaux, écarts que l'on pouvait atteindre, à ces « réquisitions impitoyables » que l'auteur nous a déjà recommandées, en temps utile, pour la rive droite de la Moselle.

Je sais, à ma décharge, que les masses populaires sont les plus absolues de toutes les majestés du monde : infatuées de leur compétence, elles ne comprennent point que 389 930 hommes au Budget ne puissent fournir 389 930 combattants; et tout ira bien ou mieux, sans doute, puisque ceux qui, par nature, instincts, traditions, inaptitude, n'ont rien à démêler avec le service militaire, redeviendront, je le crains, juges de l'armée française en temps de paix?

Son organisation méthodique, qu'il importe de maintenir à un degré suffisant de puissance et d'élasticité, les touche peu : l'armée est une charge pour le Trésor quand elle n'est pas une ennemie, jusqu'au moment où les meilleurs, qui pressentent la tempête, tournent vers elle des regards inquiets, et placent tout à coup sous sa sauvegarde l'honneur et le salut communs.

[1] On a traité l'Orne de « ruisseau (p. 12) » : c'est une qualification impropre. Cette petite rivière, guéable partout en 1870, circule ici au fond d'une étroite et sinueuse vallée, entre côtes, roches et forêts, formant, d'Hatrize à Rosselange, au regard de l'une ou de l'autre rive, un obstacle de grande valeur.

Avant juillet 1870, Metz, très-bonne ville au fond, ne manquait pas de guerriers de cette espèce. Ils ont eu pour confidents ou complices, et quelquefois pour professeurs plus écoutés qu'autorisés, d'autres guerriers très-officiels, qu'un reste d'instruction première ne sauvait pas toujours de singuliers oublis.

Ces derniers ne sont-ils plus les promoteurs de ces rengaînes qui nous ont promenés, durant le blocus, de la Cathédrale aux lignes d'investissement? N'en a-t-on pas vu, je dis des plus *ferrés,* prendre avec impatience un crayon et un feuillet blanc, figurer une sorte de soleil sur le papier, l'enfermer d'un trait et vous dire : Mais — il y a — un ana — qui traîne dans toutes les Ecoles — c'est que quand on est au centre *(on pique du crayon)* — il n'y a qu'à se porter — par un rayon *(glissade du même crayon)* — sur l'ennemi — qui n'est pas en mesure de vous recevoir à forces égales, etc....?

Ne généralisons rien, je vous en supplie! Est-ce que cette vérité, très-générale elle-même quand il s'agit de rayons stratégiques, a chance de se maintenir quand on procède à distance tactique? Percerez-vous en colonne? — ne faut-il pas se déployer à cette distance tactique, qui est toujours celle du rayon messin, et perdre *ipso facto,* le bénéfice d'une marche rapide? — ne sentez-vous pas encore, qu'avec votre théorie, on fait toujours une sottise en profitant du nombre de ses soldats pour cerner un adversaire : Sedan serait-il arrivé contre les règles?

Alors vous renoncez à rompre les lignes qui nous enserrent? Oh non! et je dis avec l'auteur du *Krieg um Metz,* qu'il fallait porter ses efforts sur la rive droite de la Moselle.

Je ne vois pas, d'ailleurs, qu'il ait négligé dans ces développements que nous avons lus avec tout l'intérêt qu'ils méritent, et que vous lirez avec fruit, aucune des parties essentielles du programme : j'affirme enfin que cette bataille d'ouverture, qu'il fallait livrer avant le 8 septembre, pouvait l'être dans toutes les conditions qui promettent la victoire.

C'était un beau devoir pour le maréchal de fournir ces cadres à son pays. On aurait du former un détachement composé de sous-officiers et de soldats choisis dans chaque corps d'armée, au besoin dans chaque régiment, parmi les plus résolus, durs aux fatigues physiques, capables de fournir d'une traite une course de six à huit milles (10 à 15 lieues); on y aurait joint un grand nombre d'artilleurs sans canons, n'ayant que leurs armes, et de nombreux officiers. En tout 2000 officiers, 2000 artilleurs, 6000 fantassins, et peut-être 1000 cavaliers bien montés. Le détachement aurait été divisé en trois ou quatre fractions, ayant chacune à sa tête un guide connaissant parfaitement le pays, et aurait dû franchir rapidement l'espace occupé par l'ennemi, ayant soin d'éviter tout engagement, à la faveur des bois et de la nuit. Chaque fraction aurait du suivre une route ou mieux une direction différente, de façon à pouvoir cependant se prêter un mutuel appui au besoin: quatre jours de marche forcée devaient suffire pour se trouver hors de la zône occupée pas les Allemands; il fallait avoir des vivres pour ce laps de temps, mais ne prendre ni voitures ni bagages.

Si l'on conçoit des doutes sur la réussite d'une pareille entreprise, il suffit d'examiner la position des troupes, position certainement connue du maréchal, pour changer d'avis.

A la fin de septembre, les armées allemandes étaient divisées en trois grands groupes; le plus important investissait Paris, le second cernait Metz, et 50,000 hommes environ assiégeaient Strasbourg.

Le vaste espace compris entre ces trois villes était occupé par 50,000 hommes, et les circonstances étaient alors telles, qu'il nous était impossible de réunir, sur un point donné, des forces considérables; nous n'avions pas encore le corps d'opération destiné à tenir la campagne; aussi le détachement parti de Metz, à la condition d'une légère avance sur les troupes d'investissement et d'une marche rapide, avait-il de droit d'espérer être sauvé, peut-être après une seule marche de 8 à 10 milles (15 à 18 lieues), dut-il ensuite employer la ruse ou la force. La meilleure direction, et en même temps le trajet le plus court, était de Metz vers les

Vosges, entre Nancy et Sarreguemines, et de là vers Besançon, qui aurait pu être choisi comme rendez-vous général. Une fois la distance qui sépare Metz de Lunéville franchie, 16 milles à peine (40 lieues), les nombreux francs-tireurs de ces contrées devaient être d'un utile secours, et pouvaient dans tous les cas fournir d'excellents guides.

La principale difficulté était donc de percer les lignes d'investissement: le combat du 31 août avait prouvé qu'il était possible de rompre quelque part le cercle des armées allemandes, surtout quand il ne s'agissait que de rester maître de la trouée pendant quelques heures. Le maréchal pouvait porter toute son armée sur un seul point; il ne fallait pas évidemment perdre du temps comme dans la journée du 31: l'attaque commencée à l'instant favorable, deux ou trois heures avant l'obscurité, devait être conduite avec la plus grande vigueur. Les lignes devaient être percées à l'entrée de la nuit; à ce moment, les troupes qui n'avaient pas encore pris part au combat, entraient en ligne à leur tour; le détachement, qui venait de se mettre en marche, devait être garanti des dangers d'une poursuite immédiate au prix des plus grands sacrifices, dût même une partie notable de l'armée tomber prisonnière; il pouvait arriver que le départ de ce détachement passât inaperçu, et cette éventualité était la plus favorable. Sans aucun doute, après le départ de ce détachement insignifiant comme nombre, le maréchal restait encore assez fort pour retenir autour de Metz l'armée d'investissement: pour la France, la percée de cette troupe d'élite était non seulement un avantage matériel important, mais l'effet moral qu'elle aurait produit, lui eût été plus favorable que tout l'ensemble des proclamations et ordres de Gambetta. Dans tous les cas, l'entreprise devait être tentée.

Le mois de septembre s'écoule au contraire sans événements. Les vivres diminuent de jour en jour, et la faible quantité qui reste encore, permet de calculer à une heure près, la durée de la résistance, même en réduisant les rations à l'extrême limite. Les vivres épuisés, la perte de l'armée est certaine; aussi voyons-nous se produire au commence-

Lignes 3-28. — « Le 2 et principalement le 7 octobre, le maréchal fit exécuter des sorties dans une nouvelle direction; dans la dernière surtout les Français firent pour vaincre des efforts désespérés, etc... ».

« Dans les premiers jours d'octobre, ce fut au tour des Corps campés sur la rive gauche, de donner des preuves de leur vitalité ». Le général Deligny, commandant la division des Voltigeurs de la Garde [1], dont la compétence et la loyauté sont hors de tout débat, vous a dit, général Hannecken, que la *limite extrême* à atteindre par les troupes, dans ce mouvement offensif sur les Maxes, Saint-Remy, les Grandes et Petites-Tapes, avait été *prescrite par le général en chef*.

Les feux d'artillerie et de mousqueterie ne les ont point arrêtés, ces braves Voltigeurs, qui formaient corps eux-mêmes, et n'étaient, pas plus que leurs camarades des IVe et VIe Corps, un prélèvement *ad hoc* sur les troupes de l'Armée tout entière [2] : ils ont franchi les deux kilomètres qui les séparaient des vôtres avec un entrain dont MM. von Aschberg, de Lavergne-Peguilhen, de Cossel, Kosche, Schwertfeyer, Œhlmann et autres officiers, allemands de race ou français d'origine, se trouvèrent édifiés, je pense; ils ont enlevé successivement, à la baïonnette, colonel Borbstaedt! *tous les villages*, en y faisant 800 prisonniers.

Voilà « des efforts désespérés » qui ne sortaient point, je vous le garantis, des habitudes de nos Voltigeurs. Jamais retour offensif n'est venu leur disputer de près la possession des villages : ils les ont quittés parce que « l'heure de rentrer au camp était venue ». Que dis-je ? ils l'avaient dépassée; et le maréchal, — citons notre témoin, — dut réitérer son ordre-programme en présence du chef d'escadrons d'artillerie C. de Contamine.

Les troupes allemandes ayant pris la peine de revenir quand les villages étaient déserts, l'historien du *Moniteur royal de Prusse* expédie son télégramme :

« *7 octobre.* — Une sortie de la garnison de Metz, exécutée sur les deux rives de la Moselle, est repoussée avec de grandes pertes pour les Français (*La lutte principale a lieu à Woippy*, sur la rive gauche) ».

Le 2 octobre, on enleva Ladonchamps, qui fut conservé jusqu'au dernier jour du blocus, quelques efforts que les Allemands aient faits pour le reprendre : les Maxes, voisins de Saint-Remy, objectif d'une diversion, étaient occupés pour quelques heures. Et le *Moniteur royal de Prusse* fut avisé du « combat victorieux d'avant-postes de la division de Kummer, à Saint-Rémy, devant Metz ».

[1] Voir son récit : *Armée de Metz*, pp. 45 et 46.

[2] M. le général von Hannecken a cru *(l. 14)* qu'on avait pris, pour assurer le succès des combinaisons *douteuses* qu'il nous a prêtées, « l'élite de tous les corps ».

ment du mois d'octobre des tentatives en vue d'échapper à cette issue fatale, par la voie des armes d'abord, et quand celle-ci eut échoué, par la voie des négociations. Le 2 et principalement le 7 octobre, le maréchal fit exécuter des sorties dans une nouvelle direction; dans la dernière surtout, les Français firent pour vaincre, des efforts désespérés. Dans toutes deux, les troupes, après un léger avantage, viennent se heurter contre les fortes positions allemandes, qu'elles ne peuvent entamer, ni même attaquer sérieusement. On reproche au maréchal de n'avoir pas tenté ces sorties avec des forces suffisantes; mais il a chaque fois mis en ligne 15,000 à 20,000 hommes, c'est-à-dire, autant de monde que le permettait le front resserré de la vallée de la Moselle; le 7 notamment, on avait pris l'élite de tous les corps. La faim, la lutte, les maladies avaient diminué à ce moment l'effectif réel: 120,000 hommes répondaient peut-être à l'appel, mais une partie (cavalerie et artillerie) était sans chevaux, et ne pouvait réellement entrer en ligne; d'autres étaient, moralement ou physiquement, affaiblis au point de ne pouvoir entreprendre une lutte sérieuse; et quand le maréchal porte à 60 ou 70,000 le chiffre des combattants, il doit l'avoir plutôt exagéré qu'amoindri.

Le but de ces deux sorties était évidemment de s'ouvrir une route par Thionville vers le Luxembourg, pour échapper à la captivité, à la faveur de la neutralité de ce territoire. La faiblesse de ce petit État laissait espérer une concentration facile, à proximité des armes que l'on venait déposer, et qu'on aurait pu reprendre au moment favorable, pour courir les chances plus heureuses de la lutte, une fois les forces de l'armée rétablies.

A côté de ces tentatives militaires, le maréchal entamait des négociations diplomatiques avec le grand Quartier Général: ici, comme pour les ordres de combat, les détails nous font encore défaut, et nous ne pouvons mentionner que ce qui a été officiellement publié des deux côtés. Le maréchal demandait pour son armée le droit de se retirer librement avec armes et bagages, sous l'engagement de ne pas prendre part à la guerre pendant trois mois; la ville de Metz pouvait continuer la défense de ses remparts. Dans la position où se trouvait le maréchal, de telles demandes paraissent si extraordinaires, et la durée des négociations a été telle, qu'on peut supposer qu'il offrait en même temps des compensations inconnues encore aujourd'hui. Quoiqu'il en soit, il échoua encore dans cette voie, et il ne lui resta plus qu'à capituler, après avoir tenu avec son armée jusqu'à la limite extrême de la famine, dans l'acception la plus exacte du mot. Les conditions de la capitulation furent celles qu'avait déjà subies l'armée de Sedan.

Le fait extraordinaire de voir une armée dans une position presqu'inattaquable, forcée de se rendre sans qu'un combat désespéré n'ait immédiatement précédé sa capitulation, a donné naissance à des accusations inouies contre le maréchal: examinons les principales, plus explicitement que nous ne l'avons fait dans les pages précédentes.

La première accusation lancée par ceux-là même qui commandent en France aujourd'hui est celle de trahison. Mais, qui donc le maréchal a-t-il trahi? Est-ce l'Empereur son maître? Mais son pouvoir était depuis longtemps renversé. A-t-il trahi le nouveau Gouvernement? Mais il n'a pas le plus mince engagement de fidélité avec aucun de ses membres. A-t-il trahi son armée? Mais il a résisté avec elle, jusqu'au dernier morceau de pain. Il se devait à son pays, et, ce devoir, il l'a accompli jusqu'au bout. N'a-t-il pas, au contraire, avec son armée, rendu à son pays le plus grand, le plus immense service? Si encore aujourd'hui (1er décembre) la France lutte et peut chercher la victoire, à qui le doit-elle, si ce n'est à Bazaine et à son armée? Si tous les deux n'avaient pas, pendant dix longues semaines, retenu autour de Metz l'armée allemande, comment ceux qui lui lancent la boue au visage, auraient-ils formé quelque part une armée prête à combattre. Avancez la capitulation de quelques jours et ces armées nouvelles étaient étouffées dans leur germe, leurs points de concentration occupés par les armées allemandes; et ceux qui ont prononcé le mot de trahison, auraient à peine trouvé, dans leur patrie, un hameau pour cacher leur fuite.

Ligne 9. — Les conditions de la Capitulation de Metz, si je m'en rapporte à l'article 5 de l'*Instruction pour les officiers prisonniers de Guerre à Mayence,* ne sont pas exactement les mêmes.

Je lis en effet : « ceux de ces messieurs (les officiers) qui sont prisonniers de Guerre *par la Capitulation de Metz,* pourront porter leurs épées : en tout autre cas il est défendu de porter des armes ».

Selon le général Changarnier, on avait voulu donner à cette *Armée de Metz,* d'autres marques effectives et toujours précieuses de courtoisie militaire. Nous regretterons toujours aussi qu'on ne les ait pas trouvées « pratiques »!

Le retrait des aigles, empaquetées à l'Arsenal [1] par surprise ou méprise, a soulevé tous les cœurs qui vivent dans une sphère où Simon-le-Philosophe ne se perdra jamais.

Dérision du sort! cet enthousiaste du *Devoir,* prédestiné à la *Défense Nationale,* disait au feu maréchal Niel en 1867 [2] : « L'armée que nous voulons donner au Pays, c'est une armée de citoyens qui se réunissent en cas de danger pour le défendre et pour maintenir l'ordre. Prendre un homme au milieu de sa famille, l'éloigner de son pays natal, le changer fréquemment de garnison, l'astreindre à une vie commune, au port d'un uniforme, d'un sabre, même en dehors du service ; le soumettre à des lois autres que celles qui régissent tous les citoyens, par exemple le principe de l'obéissance passive ; enfin lui interdire le mariage afin qu'il se sache isolé des liens les plus sacrés qui unissent les citoyens : voilà ce qui constitue l'esprit militaire, et voilà ce que nous ne voulons pas. — Ce que je repousse, ce ne sont pas les formes que l'on donne aujourd'hui à l'esprit militaire, c'est l'esprit militaire lui-même..... je demande que nous ayons une armée qui n'en soit pas une » !

[1] Le 27 octobre, Metz et l'armée étant sous le coup d'une capitulation connexe, le colonel de Girels, directeur de l'artillerie, fit brûler, à l'Arsenal, les étendards qu'il avait autrefois reçus de la cavalerie et de l'artillerie. Le 28, M. de Girels était informé que les chefs de corps avaient ordre d'envoyer leurs drapeaux à l'Arsenal, « où ils seraient déposés et inventoriés pour être conservés jusqu'à la paix, dont les conditions devaient décider de leur sort », après qu'il avait été prescrit à ces mêmes chefs de corps « d'envoyer les drapeaux à l'Arsenal où ils devaient être brûlés ». Enfin le prince Frédéric-Charles ayant écrit au maréchal Bazaine que, si on détruisait les drapeaux, il se regardait comme dégagé de sa parole et dispensé de tout ménagement envers la ville et envers l'armée, un dernier ordre rendit le colonel-directeur personnellement responsable de leur conservation.

[2] *Corps législatif,* séance du 23 décembre 1867 : amendement J. Simon, J. Favre, E. Picard, Bethmont, Magnin, Hénon, avec le chœur des Pelletan et Garnier-Pagès. Les citoyens Crémieux, Em. Arago, J. Ferry, Glais-Bizoin, Rochefort et Gambetta n'étaient pas encore retrouvés ou inventés. M. J. Favre, ce 23 décembre 1867, répond au ministre en aboyant au prêtre.

Lignes 13-26. — J'en appelle de ce jugement, au général von Hannecken mieux informé. Il a dû reconnaître, sur titres nouveaux, et témoins entendus, que la cassation est inévitable.

Ligne 22. — Non, général Hannecken, les ordres de M. le maréchal Bazaine, — quand il les donnait, — furent exécutés sans mollesse, sans négligence; et l'Armée ne mériterait pas vos éloges, si son excellent moral avait pu s'altérer aussi vite que votre narration le suppose.

Le 1er septembre, à Noisseville, dès que l'ancienne division Bataille, la seule du IIe Corps qui fût engagée, commença ce mouvement de retraite resté célèbre dans les commentaires de tous, on prête au maréchal, posté à Saint-Julien, un « je m'y attendais », qui restera lui-même, et jusqu'à la consommation des siècles, l'expression d'une pensée solitaire.

Les officiers de l'Armée de Metz demeurent, réflexions faites, unanimes dans le blâme. Je ne m'arrête point aux mobiles divers qui l'ont certainement entretenu; mais je prétends qu'il faut aussi voir, dans cet accord insolite, autre chose qu'un concours de doléances, dont la masse, peu digne alors de votre justice militaire, serait coupable à son heure, par faiblesse d'amour-propre, ou préméditation criminelle et prolongée.

Ceux qui ont empêché le maréchal Bazaine d'opposer une résistance plus longue, les vrais coupables, sont ceux qui ont accumulé à Lunéville et à Sarreguemines les grands approvisionnements de l'armée, au lieu de les abriter dans Metz; et ces coupables sont tous les Français; car aucun d'eux, mêmes les Puissants d'aujourd'hui, n'avait jamais songé à la possibilité d'un investissement de Metz.

Et maintenant, si, comme nous l'avons vu, tout ce qui était possible a été fait ou tenté, peut-on accuser de trahison celui qui, malgré quelques négligences de détail, a rendu à son pays les services les plus importants et les plus essentiels?

D'autres accusations émanant de militaires peuvent se résumer dans le reproche fait au maréchal de n'avoir pas forcé les lignes ennemies, ce qui était possible avec les forces dont il disposait. Nous sommes, nous autres Allemands, d'une opinion opposée: son armée n'était pas assez forte, et son moral était trop abattu, pour vaincre les troupes qui la cernaient; or, sans une victoire, il n'était pas possible d'échapper. Si le maréchal mérite quelques reproches pour la journée du 31 août, on doit en adresser et de plus sévères à la masse de l'armée. Il est plus qu'étrange, de voir précisément les officiers de l'armée de Metz, accumuler les accusations contre leur commandant en chef, quand eux-mêmes ou leurs collègues n'exécutaient ses ordres qu'avec mollesse et d'une façon incomplète.

Après le 1er septembre, nous Allemands, nous prévoyions une issue favorable à lutte engagée autour de Metz; mais nous basions cette espérance, non pas sur l'incapacité du maréchal Bazaine, mais sur la valeur morale de son armée, que l'on voyait s'affaisser tous les jours. Nous avons déjà vu, au reste, ce que le maréchal aurait pu tenter.

Les autres accusations portent sur la conduite du maréchal Bazaine dans les derniers jours; mais, à ce moment, il ne pouvait rien entreprendre avec des hommes épuisés par la faim. La faim, cet ennemi plus puissant que les Allemands, avait seule gagné la bataille; le repos absolu pouvait retarder la chûte de quelques heures. Postérieurement à la reddition de Metz, beaucoup de soldats, après quelques jours d'une nourriture meilleure, et soumis seulement à leurs occupations habituelles, moururent néanmoins d'épuisement. Ce fait montre l'opiniâtreté de la résistance de l'armée contre les privations.

Négligeons les autres reproches, la plupart ont été étourdiment formulés sous les premières impressions d'une douleur profonde; occupons-nous seulement de ceux qui ont pour base des projets présentés au maréchal avant la capitulation. Le général de division Bisson, dit avoir demandé au commandant en chef 20,000 hommes, avec lesquels il se faisait fort d'ouvrir à toute l'armée, le long des rives boisées de la Moselle, un chemin jusqu'au Luxembourg. En premier lieu, aucune route ne traverse les forêts de cette rive, dans la direction indiquée; l'armée devait donc, abandonnant ses canons et ses chevaux, marcher à travers champs et forêts, se dérober dans l'épaisseur des bois. Mais une telle opération s'effectue lentement; la frontière du Luxembourg n'eut pas encore été atteinte, que l'armée allemande, longeant les forêts sur de bonnes routes, aurait facilement pris l'avance, et solidement établie avec le concours de l'artillerie et de la cavalerie, elle aurait eu vite raison des Français, arrivant en désordre, sans autre arme que le chassepot. Le général Bisson, lui-même, ne pouvait espérer la victoire dans de telles conditions, et il n'a fait certainement une telle proposition, que parce qu'il lui paraissait indispensable d'essayer n'importe quel moyen, pour échapper à l'imminente catastrophe.

Croyait-il donc l'honneur de l'armée atteint sans cette tentative? On peut le penser d'après la seconde demande qu'il a adressée: il sollicitait 10,000 hommes avec lesquels, se sacrifiant pour l'honneur de l'armée, il voulait non pas vaincre, mais s'emparer des batteries prussiennes établies à Ars-sur-Moselle, et pousser jusqu'au quartier-général, après avoir enfoncé les lignes ennemies. Mais, malgré sa bravoure, quand même les Français auraient vaillamment combattu, se montrant dignes de leur ancienne renommée, il est à craindre qu'ils eussent été bientôt arrêtés dans leur marche. S'il était si facile de prendre les batteries allemandes et de percer nos lignes, certes, pendant les combats qui se sont livrés autour de Metz, le général Bisson, lui-même, a eu l'occasion de le tenter et la maréchal Bazaine ne s'y serait pas opposé; aussi a-t-il eu le droit de ne pas répondre à cette demande.

Non, l'honneur de l'armée française n'était pas flétri; quatre grandes batailles et plusieurs combats acharnés, sont la preuve de sa fermeté, de sa vigueur, et aussi sa conduite au milieu des plus grandes privations. Il s'agissait, non pas de l'honneur de l'armée, mais de son existence, et la mise à exécution de ce projet était absolument sans résultat à ce point de vue.

Enfin, on a fait un crime au maréchal de la capitulation: il aurait dû faire sauter les fortifications, détruire les armes, et se rendre ensuite sans conditions, car ces armes, destinées à protéger la France, ne devaient pas servir à ses ennemis pour la combattre. On peut répondre d'abord, que les Allemands n'ont pas employé, du moins dans cette guerre, les armes tombées entre leurs mains; depuis longtemps déjà, les capitulations de Sedan et de Strasbourg leur avaient livré, en quantités immenses, ce qui pouvait leur être utile, et la possession de la ville de Metz en elle-même, ne leur était d'aucun avantage probable dans la guerre actuelle.

Il y a de plus des usages consacrés dans les guerres entre nations civilisées, d'après lesquels l'armée vaincue par les armes ou la famine, doit, si elle capitule, livrer à l'armée victorieuse ses armes et ses drapeaux; de même le vainqueur a l'obligation de prendre soin des prisonniers, qu'il garde jusqu'à la conclusion de la paix; il rend alors à leur patrie ces soldats qui peuvent, dans des temps plus heureux, tenter pour elle de nouveaux efforts couronnés de succès. Si le maréchal et son armée n'avaient pas tenu compte de ces usages, le vainqueur se trouvait par ce fait même délié de ses engagements. Le cercle de fer qui entourait les troupes désarmées et qu'il n'était plus possible de rompre, leur serait resté fermé; à peine aurait-il ouvert un passage à la population innocente de Metz; quelques jours plus tard, la faim aurait terminé son ouvrage; la voix de ceux qui, grâce à la capitulation, accusent aujourd'hui le maréchal, se serait éteinte dans un lugubre silence. Pourquoi donc, si l'on se place au dessus des règles adoptées par les nations civilisées, pourquoi ne pas faire un pas de plus; pourquoi n'avoir pas imité l'exemple de Sagonte, dont les habitants après une résistance héroïque, succombant aux tortures de la famine, mais non vaincus par leurs adversaires, s'ensevelirent sous les débris fumants de leur cité.

Oui, le maréchal a eu raison de capituler; les conditions honorables qui lui ont été accordées, et la personne du général Changarnier, son négociateur, disent assez haut que, dans ce moment de suprême angoisse, il obtint tout ce qu'il était possible d'espérer.

Honneur aux armées Allemandes, honneur à leurs illustres Chefs; il leur a été donné d'accomplir un fait sans précédent dans les fastes militaires. Mais honneur aussi aux Vaincus, qui ont courageusement lutté jusqu'à la dernière limite de la résistance humaine. En dépit des récriminations qu'inspirent aujourd'hui les passions surexcitées, l'histoire impartiale et calme dira plus tard que, dans cette lutte fatale, c'est à Metz, que la France a perdu un de ses meilleurs généraux et aussi certainement sa meilleure armée.

Oui, cette armée de Metz, « certainement la meilleure de la France », a souffert de la faim [1]; et quand de nombreux soldats se disputaient, à prix forts, des bonbons suspects et des dragées rances, on peut admettre sans danger que les tourments étaient durs.

Je sais que d'ingénieux publicistes ont voulu me faire croire qu'on l'avait affamée par système, comme si l'ennemi ne suffisait point à cette besogne; je sais encore qu'ils ont signalé des amas de biscuit, pourrissant, route de Plappeville, dans le voisinage immédiat de malheureux, assez abrutis apparemment pour ne pas les voir; je sais même, ô comble d'infamie! que tel patriote, anonyme et marchand, menaçait, le 22 octobre, « de se plaindre en public si l'on ne faisait pas usage de ses approvisionnements ».

Chez cet autre, qui les tenait discrètement à la disposition de l'Intendance, on a découvert 100 sacs, 200 sacs, 400 sacs de blé; et comme il en fallait 780 pour la consommation journalière, les citadins adultes étant rationnés à 400 grammes et les soldats à 500 ou 250 *quand ils l'étaient* encore [2], ces sacs ont dû faire des petits pour donner prise à l'exagération, mensonge habituel des honnêtes gens, — si bien, qu'à Mayence, un *mobile* convaincu parlait de 4000!

Le peuple n'a jamais une idée claire du nombre, du rapport : il est terrible dès que la question des subsistances est en jeu. Le citoyen qui se croit ou se dit capable de partager « le dernier vivre » avec son « Frère de l'Armée », s'insurge quand il s'agit, pour une marche en avant, de prélever 50 vaches sur le troupeau : viennent des féroces qui reprocheront un jour à l'ordonnateur d'avoir médité tout un Massacre d'Innocents. Si les membres militaires de commissions mixtes, chargées de faire des perquisitions de vivres dans les maisons de la ville, veulent comprendre dans leurs recensements les légumes secs, le porc salé, les conserves alimentaires et denrées de toute sorte qu'ils rencontrent en leur parcours, le citadin se trouble et le Conseil municipal se plaint.

Écartons ces souvenirs néfastes : le monde a été fait une fois pour toutes, et je n'exigerai pas que des bourgeois à jeun, ou des estomacs menacés d'une diète inquiétante, raisonnent en martyrs sur les souffrances d'autrui. J'ai vu celles du dehors et celles du dedans : je ne comprends point qu'on les ait comparées.

Des notaires en retraite, dont les immeubles perdaient valeur, ont qualifié ces vaillantes troupes de Metz « Armée de Darius » : Codoman n'y était pas, mais Le Brun et Quinte-Curce hantaient, je le soutiens, ces imaginations écloses au foyer du protocle.

Pour de tels capitaines, passé l'homme, le cheval et le canon, tout est bagages : « l'armée en avait trop », et c'est peine perdue que de les inviter à lire vos pages 24 et 25, général Hannecken. — Quels soubresauts ne feront-ils point en présence de ce convoi nécessaire, double colonne de deux lieues de long!

Ils ont vu défiler les chariots allemands; ils ont vu que les vendeurs des convois de secours en vivres n'entamaient que très-bonnes

[1] Paris (on devrait être modeste après le 18 mars), qui s'attribue le monopole de tous les héroïsmes, n'en est pas encore bien sûr. M. John Lemoinne, du *Journal des Débats*, un polémiste justement considéré, écrivait, le 7 août 1871, avec le sérieux convenable : « Metz, ayant encore de la viande et du pain, s'est rendu parce qu'il n'avait plus de sel ».

[2] Pain de farine dite de première mouture, contenant une forte dose d'amidon.

affaires dès le 29 octobre, et ils n'ont rien appris. Enfin, par un miracle de contradiction qui ne vous étonnera guère, ils voudraient remplacer les voitures de réquisition par autant de prolonges du Train des Équipages.

Laissons ces simples, tout lettrés qu'ils soient, à leurs rêveries; laissons clabauder dans le marais ces commerçants ignobles, indignes de la cité qui les a vus naître ou reçus, et qui n'étaient pas tous, il faut le dire, étrangers au *Tableau des Notables;* persuadons, s'il est possible, aux ménagères, aux Messins qui savent compter, que les jardiniers du dehors et revendeurs intra-muros n'étaient pas non plus fâchés, comme ces marchands du Temple, de saigner à blanc leurs défenseurs.

Les dernières mesures financières du maréchal, — paiement anticipé de la solde de novembre, paiement du traitement échu des légionnaires, — étaient nationales et conservatoires au plus haut degré. Elles ont permis aux chefs de tous grades de très-louables sacrifices pour faire vivre leurs soldats; elles sauvaient les uns et les autres d'un dénûment certain aux premiers jours d'une captivité prévue; puis tous aussi, en retour des invectives qui les attendaient, ont pu, sans ostentation, réclames ni vanités intimes, laisser tomber une large part de cet argent précieux dans l'escarcelle du pauvre.

J'apprends *in extremis*, par M. François Jacquot, auteur de l'*Introduction des idées napoléoniennes dans la discipline des collèges* (Vic-sur-Seille, 1863), qu'un paroissien de Plantières-Queuleu, rédigeant de « jour en jour » ce qui se passait jour par jour, « a tout vu, tout compris, tout annoté ».

Ici, c'est moins l'armée que son chef qui se trouvera maudit. On ne s'associe pas, général Hannecken, aux reproches que vous lui adressiez (p. 11); on le terrasse, au contraire, de l'épithète de *brave* [1] en lettres italiques; et l'on attend que l'inepte [2] et *brave* maréchal se fasse à « ces mouvements rétrogrades » [3] où excellent les Prussiens.

Ah! garde national du Moyen-Pont, on ne vous persuadera jamais que des soldats blessés, criant, la nuit du 18 au 19 août, dans le rayon de votre qui vive! « Nous sommes trahis! la France est vendue »! seraient indignes, à tous égards, du coup de fusil qu'ils auraient reçu! — Et compter militairement avec cette rhétorique, M. Jacquot, me semble aussi difficile que de discuter avec vous *le nouveau canon français* du dentiste Noël [4].

[1] *Journal du blocus de Metz,* 1870, p. 95. — [2] *Idem,* pp. 48, 94, etc. — [3] *Idem,* pp. 15, 41.
[4] *Revue de l'Est,* 1868, *p. 426.*

APPENDICE

Nous donnons, en appendice, les premières pages de l'*Itinéraire-Journal* d'un sous-lieutenant fort brave et fort instruit, élevé pour la Guerre avec une extrême sollicitude, et comblé de tous ces dons extérieurs qui pouvaient conduire un esprit moins généreux à l'adoration de soi-même. Dans leur exacte sobriété, elles peignent aux yeux de l'expérience tout le décousu de nos premières opérations, du 29 juillet au 11 août 1870 : elles signalent déjà l'approche de ces désordres profonds, que la maladie des formules et des théories égalitaires et plébiscitaires avait inoculés aux divers bans de nos réserves.

Le jeune rédacteur, objet prochain d'universels regrets, crayonne en peu de mots le fait, l'impression, le détail ; il est tout entier à son devoir et n'insulte en passant, ni vous, ni moi, ni ses hommes, ni son chef. Après vingt jours de campagne, la mort l'enveloppa brusquement de son suaire : elle le prit fier et vaillant, sans illusions décevantes, mais tout plein d'un mépris prophétique pour ces abjectes vanités et ces odieuses rancunes, qui flairant une revanche dans le deuil des cœurs, s'appliquaient à greffer sur nos angoisses l'impiété envers la Patrie.

ARMÉE FRANÇAISE

IIIe CORPS

MONSIEUR LE MARÉCHAL BAZAINE

QUATRIÈME DIVISION — GÉNÉRAL DECAEN

1re Brigade, Général de Braüer.	11e Bataillon de Chasseurs à pied, 44e Régiment de ligne, 60e Régiment de ligne.
2e Brigade, Général Sanglé-Ferrière.	80e Régiment de ligne, 85e Régiment de ligne.

Cavalerie. — 3e Chasseurs à cheval.

Artillerie. — 8e *(mitrailleuses)*, 9e et 10e batteries du 11e Régiment d'Artillerie monté.

Génie. — 10e compagnie du 1er Régiment.

Vendredi, 29 juillet 1870. — Départ de Metz à quatre heures du matin. — Grande halte à 2 kilomètres au delà des *Étangs* et à 8 kilomètres de Boulay : je commande l'avant-garde.

Arrivée à *Boulay* à onze heures un quart. — Campement en avant de Boulay à midi. — Distance parcourue = 27 kilomètres.

Samedi, 30 juillet. — Séjour au camp de Boulay : à midi, arrivée de la deuxième brigade.

Dimanche, 31 juillet. — La 4e division du IIIe Corps fait un mouvement sur sa droite, pour occuper Boucheporn (route de Saint-Avold), à 7 kilomètres de la frontière. Elle doit être remplacée, dans ses positions de Boulay, par la 1re du IVe Corps (de Ladmirault). — Arrivée à *Boucheporn* à la tombée de la nuit, après une marche de 13 kilomètres. — La position est occupée par la division entière : le 44e Régiment est campé en première ligne, en avant du village.

Lundi, 1er août. — Séjour au camp de Boucheporn : le canon est entendu, le matin, dans la direction de Saint-Avold. — Le soir, la 4e division reçoit l'ordre de se tenir prête à former des colonnes mobiles, destinées à des reconnaissances et démonstrations sur la frontière.

Mardi, 2 août. — Une colonne mobile, composée du 11e Chasseurs à pied, du 44e Régiment, du 60e, d'une section d'Artillerie, de deux pelotons de Chasseurs à cheval, part du camp de Boucheporn et se dirige sur Carling, prête à débusquer l'ennemi des positions qu'il pourrait occuper sur la frontière, à la lisière des bois de Carling, suite de la forêt de Warendt. La colonne parcourt un pays très-accidenté et très-boisé : route sinueuse, longue de 12 à 13 kilomètres (6 ou 7 à vol d'oiseau). — Départ de Boucheporn à neuf heures; traversée des villages de *Porcelette* et de *Gisen;* arrivée à Carling à douze heures. — Le village de *l'Hôpital* est occupé, les bois sont fouillés par les Chasseurs : l'ennemi ne se montre pas. Les troupes de la colonne restent en position jusqu'à cinq heures.

Départ de Carling à cinq heures et rentrée à Boucheporn à huit heures.

Mercredi, 3 août. — Nouvelle : On apprend que les Prussiens ont été battus hier, en avant de Sarrebrück, par le IIe Corps. — A trois heures, départ de Boucheporn : la colonne traverse le village de *Kleinthal,* et arrive à *Longeville-lès-Saint-Avold* à quatre heures et demie. — La compagnie (1re du 1er Bn) est de grand'garde : elle occupe un bois vers la droite du camp.

Jeudi, 4 août. — Le camp est levé précipitamment à onze heures et demie. Les schakos et demi-couvertures sont déposés à Kleinthal : la division entière prend la route de Boulay. Boulay dépassé, on marche sur Sarre-Louis, — vraie marche forcée. Le IVe Corps est devant nous; ses dernières troupes ont dépassé Boulay au milieu de la journée.

La Garde impériale appuie le mouvement ; le IIIe Corps, pour son compte, appuie vers la gauche; le IIe est à Sarrebrück. — Nous campons à *Téterchen* où l'on arrive à sept heures et demie. A minuit seulement, on peut prendre un moment de repos. — Prêts à partir demain à quatre heures du matin. Toutes ces forces convergent sur Sarre-Louis : on s'attend à une bataille pour demain.

Vendredi, 5 août. — Le camp est levé à cinq heures et demie : la bataille supposée tombe dans l'eau. Non-seulement nous ne continuons pas la marche sur Sarre-Louis, mais nous retournons à Boucheporn par un chemin de traverse : nous suivons ainsi la corde de l'arc que nous avons parcouru hier. Le seul village que nous rencontrons est celui de *Coume* (à 32 kilomètres de Metz et à 4 ou 5 de Téterchen).

De Boucheporn, marche sur Longeville et Saint-Avold. — Avant d'entrer à Saint-Avold on s'arrête sur la route, à 2 ou 3 kilomètres, et l'on drogue pendant trois heures : deuxième station du même genre à 500 mètres de Saint-Avold.

Arrivée à Saint-Avold à cinq heures et demie (on marche depuis douze heures). — Campement sur un plateau, en avant de la ville. — La journée s'achève par un orage diluvien qui éteint les fourneaux des hommes. On peut dire que depuis trois jours ils marchent presque sans manger.

Samedi, 6 août. — On quitte le camp à dix heures, toujours avec précipitation. Le 44e Régiment vient garnir un mamelon, un peu en arrière de Saint-Avold, et fait face à gauche. Nos chefs paraissent s'attendre à quelque chose de sérieux : toutes les troupes de la division ont pris position pour défendre Saint-Avold. — Pourtant une pointe des Prussiens sur Saint-Avold nous paraît incompréhensible, et nous sommes sur les dents.

Vers cinq heures, nous retournons chercher le campement pour nous établir là où nous avons passé l'après-midi. A ce moment, nous entendons une forte canonnade dans la direction de Forbach. — De la hauteur où se trouve notre ancien camp, on voit la ligne de bataille, reconnaissable à la fumée, et la 3e division de notre Corps (Metman) en deuxième réserve [1]. L'engagement paraît terminé à la

[1] Nous ne savons pas encore si le général Frossard, dont le crime irrémissible aux yeux de certaines gens était un titre de Gouverneur du Prince Impérial, a jamais réclamé, pour cette lutte très-inégale qu'il soutenait à Spickeren, l'appui du maréchal Bazaine. — Aurait-il méconnu, par hasard, la sagesse de cette maxime de la Grande École : « On peut hésiter, avant de solliciter le secours d'un collègue; on ne doit jamais le refuser quand il est offert »?

brune : on espère que les Prussiens ont reçu une raclée, car le chemin de fer a pu fonctionner toute la nuit.

Cette nuit, nous la passons sous la tente-abri, à peu près sans fermer l'œil : quelques coups de feu, provenant sans doute de la panique d'un petit poste, nous font lever. — Ordre de décamper à trois heures du matin.

Dimanche, 7 août. — Contre-ordre. Je suis envoyé à Saint-Avold avec une demi-section pour fournir le poste de la Place. Toute la journée arrivent, par paquets, des soldats de la réserve des 7e et 29e, venant de la débandade d'un fort convoi attaqué en avant de Forbach.

Trop de Parisiens dans ces réserves du 29e [1] : je suis obligé de coller mon revolver sur quelques figures.

Il paraît que Forbach et Béning sont au pouvoir des Prussiens : le chemin de fer est ainsi coupé entre Forbach et Saint-Avold. — Le bruit se répand et se confirme que le 76e et le 77e ont été écharpés dans l'engagement d'hier, dont les détails restent inconnus.

Je reçois l'ordre de rejoindre demain à quatre heures du matin.

Lundi, 8 août. — Départ : nous prenons position sur la déclivité du plateau de Saint-Avold, faisant face à Forbach. — Mouvement général de retraite sur *Bionville,* pour effectuer une grande concentration : on espère ainsi faire sortir les Prussiens de leur forêt de Warendt.

Les Ier, Ve et VIIe Corps sont placés sous le commandement du maréchal de Mac-Mahon ; les IIe, IIIe et IVe sous celui du maréchal Bazaine. — Nouvelle (à la Tartare) : Mac-Mahon a cerné et pris, près de Saverne, un corps de 15000 Allemands.

Le 44e est chargé de couvrir la retraite aujourd'hui : il quitte Saint-Avold à onze heures et demie et, vingt minutes après, la cavalerie prussienne y entre sur nos talons. La division de Dragons du IIIe Corps, appuyée par l'Artillerie et disposée en échelons des

[1] Elles se composaient, dans nos troupes de ligne, des hommes des contingents annuels qui, n'ayant point accompli le temps légal de service, étaient restés ou se trouvaient, à un titre quelconque, maintenus dans leurs foyers. Beaucoup de ces « vieux soldats », tout voisins de leur libération définitive, n'auraient pu justifier de trois mois de présence sous les drapeaux ; en dépit, ou mieux depuis l'inauguration du fameux « système des réserves ». On usait, à l'égard de celles-ci, de ménagements et de douceurs réglementaires : il était de bon goût, dans tous les partis, par des raisons mêlées et contradictoires, de les dire suffisamment instruites. L'immense majorité de ces hommes de la réserve n'avait aucune idée du chassepot, et je n'ai pas besoin d'ajouter que beaucoup acquittèrent avec peine ce qu'ils regardaient comme une surtaxe de l'impôt du sang. Les hasards du recrutement versaient donc trop d'hommes politiques au 29e ; et ailleurs, comme on grognait, entre troupiers véritables, sur « ces gredins de la classe 63 » !

deux côtés de la route, protége notre retraite ; à notre tour, nous lui rendons le même office. — Le tout se passe en ordre.

Le IIIe Corps d'armée prend position sur un plateau magnifique entre Boucheporn et Longeville : de là on peut voir les uhlans qui sortent déjà de ce dernier village. — Désormais ils ne nous quitteront plus.

La retraite continue ; la nuit arrive et nous marchons toujours. Près de *Fouligny* nous sommes coupés par les Dragons, qui cheminent dans nos rangs et nous aveuglent de poussière : pour couronner le tout, un orage épouvantable nous tombe sur le dos.

Le désordre commence : à *Morhange,* c'est une sorte de déroute. — Les soldats s'échappent et campent sans ordre, par paquets, dans la boue : à *Bionville,* ils remplissent les maisons, les granges, les greniers, tous pêle-mêle.

Après Bionville, nous tombons dans le convoi, et ce n'est qu'à 2 kilomètres plus haut que l'on désigne la place du camp. — On n'a pas sous la main le tiers du régiment ; on enfonce dans la boue jusqu'à mi-jambe. Il est minuit et quart et nous sommes sur pied depuis trois heures du matin.

Je prends le parti de retourner à Bionville : nous sommes, dans une chambre, une vingtaine d'officiers d'Infanterie et de Dragons ; on dort sur le plancher.

Mardi, 9 août. — A quatre heures et demie j'ai battu mon rappel et regagné le camp ; les hommes rallient isolément. On allume de grands feux pour se sécher, et l'on reçoit l'ordre, pour le soir, de continuer la retraite.

Le 60e Régiment nous rejoint dans la journée. — Il était parti le 6 de Saint-Avold pour Forbach, en chemin de fer, et son arrivée avait produit le meilleur effet sur les affaires du IIe Corps. Sans brûler une cartouche il couvrit sa retraite, effectua la sienne par Sarreguemines, Puttelange, Faulquemont et Bionville, faisant de 40 à 45 kilomètres par jour.

A neuf heures du soir, le 44e et le 11e Chasseurs à pied, fidèles à leur rôle permanent d'arrière-garde, se mettent en route à la queue du Corps. — Marche de nuit.

La colonne traverse *Courcelles-Chaussy* et vient camper sur la Nied à une heure du matin. Nous commençons à apprendre la vérité sur le combat de Forbach, sur l'affaire de Wissembourg, sur la bataille livrée à Mac-Mahon, près Reischoffen, par l'armée du Prince royal.

Mercredi, 10 août. — Réveil à cinq heures et continuation du mouvement de retraite : nous venons camper à *Silly-sur-Nied,* dans une belle position, vers une heure du matin. Le soir, nous avons un orage qui dure toute la nuit.

Jeudi, 11 août. — Réveillé en sursaut à deux heures du matin; tout doit être prêt pour trois heures. Il pleut à torrents : forcé de renverser les abris des hommes pour les faire lever; ils font leurs sacs sur un sol couvert de 20 centimètres de boue. Nous bivouaquons le reste de la nuit, et la pluie, continuant à tomber, ne cesse qu'à midi, au bout de dix-huit heures......

Vendredi, 12 août. — Le maréchal Bazaine prend le commandement en chef : notre général lui succède au IIIe Corps.

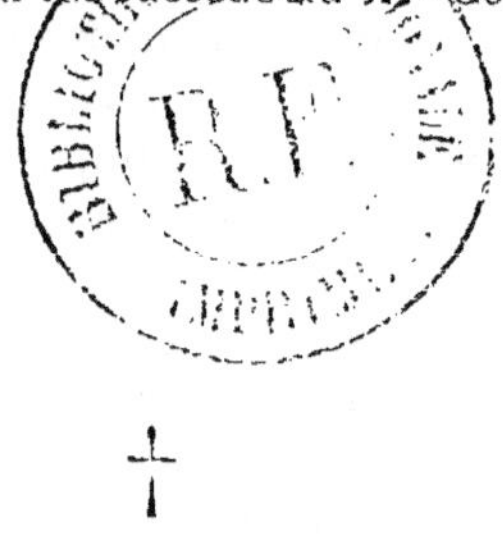

†

(à l'ennemi, le 18 août 1870.)

Metz. — Imp. E. Réau.

www.ingramcontent.com/pod-product-compliance
Lightning Source LLC
LaVergne TN
LVHW020427230826
846091LV00004B/1423

* 9 7 8 2 0 1 1 7 7 9 6 7 0 *